De nombreux royaumes

Elizabeth Garver Jordanie

Writat

Cette édition parue en 2024

ISBN : 9789359947419

Publié par
Writat
email : info@writat.com

je

LA DAME O'DREAMS DE VARICK

Varick déposa le livre avec lequel il avait séduit une heure de la nuit, éteignit la lumière électrique du globe ombragé qui pendait au-dessus de sa tête, rapprocha un peu les draps de son menton, retourna son oreiller pour reposer davantage sa joue. avec gratitude sur le linge plus frais, s'étira, bâilla et se résolva à dormir avec une conscience absolument sereine.

C'était un jeune homme éminemment pratique et d'une santé presque grossière, avec une croyance irréfléchie en l'existence des choses qu'il avait vues et des doutes considérables concernant celles qu'il n'avait pas vues. Dans son cœur, il considérait le sentiment comme l'expression d'une nature flasque dans un corps faible. Une ou deux fois , il avait avec désinvolture une commode, avec sa gamme d'articles de toilette en argent, le devant solide de son chiffonnier, les accoudoirs sculptés de sa chaise longue préférée, et même les gravures et gravures sur les murs. Soudain, alors qu'il regardait ces objets familiers, une légère brume s'abattit sur eux, lui donnant un instant l'impression qu'un rideau de gaze s'était baissé entre eux et ses yeux. Ils fondirent lentement et à leur place il vit les rues d'un petit village dans un pays étranger qu'il ne connaissait pas. Un instant plus tard, dans ce qui semblait à l'époque une transition tout à fait naturelle depuis son lit dans un club-house des Adirondacks, il parcourait les rues de la petite ville, en tenue de touriste correcte, cherchant en vain un repère familier, et avec un étrange naufrage du cœur. Comment il était arrivé là, ni pourquoi il était là, lui était également incompréhensible. Il était midi, par une chaude journée d'été, et les toits rouges des vieux bâtiments semblaient briller sous la chaleur. Devant lui, au bout de la rue dans laquelle il marchait, se trouvait une place publique où se déroulait le commerce en plein air. Il était rempli d'hommes et de femmes vêtus de pittoresques costumes de paysans qu'il ne reconnaissait pas, bien qu'il ait beaucoup voyagé. À mesure qu'il s'approchait, il les entendit parler, mais il découvrit que leur langue lui était aussi inconnue que leur costume. Il connaissait bien le français, l'allemand et l'italien ; il avait en outre quelques notions d'espagnol et connaissait les accents des langues slaves. Mais ce Babel qui se présentait à ses oreilles était quelque chose de nouveau. Mise en relation avec le reste de l'expérience, la découverte a envoyé un froid glacial dans la colonne vertébrale de M. Lawrence Varick. Pour la première fois de sa vie débonnaire , il eut peur et l'avoua intérieurement, avec un soudain blanchiment des lèvres.

"C'est tellement bizarre", se dit-il avec inquiétude. "Si je pouvais me rappeler comment je suis arrivé ici, ou si je savais quelque chose sur cet endroit..."

"Les avez-vous classés ?" demanda une voix à son côté. C'était féminin, contralto et délicieusement modulé. Les mots étaient anglais, mais prononcés avec un léger accent étranger. D'un bond du cœur, Varick se tourna et regarda l'orateur.

Elle était jeune, constata-t-il immédiatement : vingt-deux, vingt-trois, peut-être vingt-quatre. Il pencha vers cette dernière théorie en observant son équilibre parfait et sa maîtrise de soi. Elle était superbement habillée ; il s'en rendit compte malgré la pénombre de la perception masculine sur de tels points et, bien plus clairement, vit qu'elle était belle. Elle était petite et les yeux qu'elle levait vers les siens étaient grands et profondément bruns, avec de longs cils noirs dont la couleur correspondait aux cheveux ondulés sous son coquet chapeau. Alors qu'il la regardait, avec surprise, soulagement et admiration luttant dans son beau visage d'enfant, elle sourit, et à cet instant le jeune homme flegmatique éprouva une nouvelle sensation. Ses propres dents blanches brillèrent alors qu'il lui rendait son sourire. Puis il se rappela qu'il fallait répondre à sa question.

« Je… je… vous demande pardon, » balbutia-t-il, « mille fois. Mais pour vous dire la vérité, je suis… je suis horriblement confus ce matin. Je… je n'ai pas l'air, d'une manière ou d'une autre, de Je ne me suis pas encore placé. Et je ne comprends pas ce que disent ces gens. Alors, quand tu parlais anglais , c'était un tel soulagement…

Il s'arrêta brusquement et devint pourpre riche. Il lui était venu à l'esprit que cette déclaration incohérente n'était pas vraiment de nature à susciter l'intérêt et l'admiration d'une femme étrange et extrêmement attirante. Que penserait-elle de lui ? Peut-être qu'il était ivre ou fou. L'imagination de Varick, jamais vive, se distingua durant les secondes suivantes par les possibilités émouvantes qu'elle présentait à son esprit. Il devint plus rouge, ce qui était bien malheureux, et se traîna misérablement d'un pied sur l'autre, jusqu'à ce qu'il s'aperçoive qu'elle le regardait avec un regard tout à fait digne et pourtant très amical. Il y avait aussi une qualité étrangement sympathique. Son moral remonta un peu.

"Vous devez me considérer comme un horrible idiot", murmura-t-il d'un ton contrit. "Je ne suis pas toujours comme ça, je te l'assure."

"Je sais," acquiesça-t-elle. "Je comprends. Continuez avec moi. Peut-être que je pourrai vous aider."

Il acquiesça et tous deux se dirigèrent vers la place bondée.

"Tu es terriblement bon," dit-il, se sentant rassuré, mais toujours enfantin et embarrassé. « Je ne veux pas être une nuisance, mais si vous voulez juste me redresser, d'une manière ou d'une autre – me lancer sur un chemin qui me mènera à la maison – »

Toute cette idiotie le frappa. Il s'arrêta de nouveau, puis éclata de son rire contagieux et juvénile, auquel elle se joignit aussitôt. Le doux contralto et le clair ténor formaient un duo doux et agréable, mais Varick remarqua que pas une tête dans la foule autour d'eux ne se tournait vers eux, et qu'aucun œil de toute la foule paysanne ne leur jetait un regard. Il en parla à son compagnon tandis qu'ils poursuivaient leur promenade.

« Ce qui me surprend le plus dans tout cela, ce qui est inhabituel, dit-il, c'est la froideur avec laquelle ces mendiants nous ignorent. Vous savez comment ces gens-là restent bouche bée, d'habitude ; mais pas une âme parmi tous ces gens ne semble savoir que nous je suis là."

Elle le regarda avec un doux amusement et de la sympathie dans ses yeux marron.

"Ce n'est pas surprenant", dit-elle doucement. "Car, vous savez, nous ne sommes pas là, vraiment."

Varick s'arrêta une seconde fois et la regarda, avec une répétition de ce nouveau et ennuyeux enfoncement dans la région de son cœur. Ses paroles étaient certes déconcertantes, mais elle-même était délicieusement humaine et d'un naturel très rassurant. Elle avait continué son chemin et il essaya de se mettre dans son humeur en la rattrapant.

"Où sommes-nous alors ?" » demanda-t-il avec un rire court et pas particulièrement joyeux.

Son front lisse se plissa un instant.

"Je ne sais pas", dit-elle franchement. "C'est-à-dire que je ne connais pas cet endroit où nous *pensons* être, même si j'y suis déjà allé auparavant, et cette expérience ne m'effraie pas maintenant. Mais je sais où nous sommes *réellement* . Vous dormez quelque part en Amérique, et je — mais oh, ma chérie, ma chérie, tu vas te réveiller !"

L'horloge qui se trouvait quelque part sonna trois heures. Varick, assis sur son lit, les yeux fixés sur l'obscurité, revoyait sa chambre familière, la lumière tamisée, l'argenterie, la trousse de toilette, les tableaux. Il se précipita vers la porte donnant sur le couloir et essaya. Elle était verrouillée, telle qu'il l'avait laissée. Il en était de même pour l'autre porte menant à son salon. L'obscurité autour de lui semblait encore pleine du refrain des mots qu'il venait d'entendre : où ?

"Oh, ma chérie, ma chérie, tu vas te réveiller !" Et ses yeux, son sourire,

Varick se recoucha, dans un état quelque peu étourdi, avec un tremblement qui le parcourait. Très lentement il se redressa, très lentement il remonta les couvertures. Puis il jura solennellement dans l'obscurité de la pièce.

"Eh bien, de tous les rêves !" commenta-t-il, impuissant.

Au fil des mois, après que Varick soit revenu en ville et dans le tourbillon de la vie citadine, il se souvenait de son rêve, fréquemment au début, puis plus rarement, et finalement pas du tout. C'est presque un an plus tard qu'une nuit, à moitié éveillé, il revit le voile fin et transparent, comme un écran, qui enveloppait les objets de sa chambre. C'était l'hiver et une grosse bûche brûlait dans la grande cheminée. Il avait essayé d'étouffer les flammes avec de la cendre avant de se coucher, mais le bois avait repris et il était resté tranquille, attendant le sommeil et clignant des yeux avec indifférence à la lumière. Sa chambre donnait sur la Cinquième Avenue. Il y avait un grand club-house juste en face de sa maison, et les fiacres et les voitures allaient et venaient. Varick entendait le claquement des portières, le claquement des sabots des chevaux sur l'asphalte mouillé, et se félicitait du bon sens qui lui avait inspiré de se coucher à onze heures au lieu de se joindre à la foule festive de l'autre côté de la rue. Il avait consciencieusement passé la matinée dans les bureaux de son père, puis, avec un chaleureux sentiment de vertu, il s'était enfui de la ville pour un déjeuner tardif et un procès contre des chasseurs. Ce soir-là, il était agréablement fatigué, mais pas somnolent. Lorsque le rideau tomba devant lui et qu'il les vit se fondre imperceptiblement dans d'autres qui lui étaient tout à fait étrangers, il se souvint aussitôt de l'expérience similaire de l'année précédente. Avec une petite accélération des battements réguliers de son cœur, il attendit les développements.

Oui, c'était là la vieille ville, avec ses toits rouges, son architecture surannée, ses rues bondées, étroites et pittoresques. Mais cette fois, ils semblaient presque déserts, et l'ensemble de l'endroit était sombre et morne. Les feuilles étaient tombées des arbres, les fleurs étaient fanées, les vignes qui recouvraient les murs de la maison étaient brunes et nues. Il était agréablement conscient de la chaleur d'un manteau doublé de zibeline qu'il avait rapporté de Russie deux ans auparavant. Il enfonça profondément ses mains gantées dans ses grandes poches et continua son chemin, ses yeux se tournant vers la droite et la gauche au fur et à mesure qu'il avançait. De temps en temps, il voyait une silhouette masculine massive, bizarrement vêtue, tourner au coin d'une rue ou entrer dans une maison. Une ou deux fois , quelqu'un est venu vers lui et l'a dépassé, mais personne ne l'a regardé ni n'a parlé. Pendant un moment, Varick fut tenté de frapper à l'une des portes inhospitalièrement fermées et de demander des informations et son chemin, mais quelque chose – il ne savait quoi – le retint.

Lorsqu'elle est apparue, ce fut aussi soudainement qu'elle l'était auparavant, sans avertissement, sans approche. Elle était à ses côtés – une chose envoûtante de fourrures et de beauté féminine, de chapellerie française et de cordialité. Elle tendit sa petite main avec une belle *camaraderie* .

"N'est-ce pas sympa ?" » demanda-t-elle aussitôt. "J'avais peur d'arriver le premier et de devoir attendre seul. Je n'aurais pas aimé ça."

Il lui serra la main, la regardant de sa grande hauteur, ses yeux gris brillant dans les siens.

"Alors tu savais que tu venais ?" » demanda-t-il lentement.

"Pas jusqu'au moment avant mon arrivée. Mais quand j'ai vu le rideau tomber..."

"Tu as vu ça aussi ? Une chose fine et vaporeuse, comme un transparent ?"

"Oui."

Il retomba dans le silence un instant, adaptant inconsciemment sa démarche à la sienne, et ils marchèrent ensemble aussi naturellement que si c'était un événement quotidien.

"Que penses-tu de tout cela ?" » demanda-t-il enfin.

Elle haussa les épaules avec un petit geste étranger qui lui parut, déjà alors, très caractéristique.

"Je ne sais pas. Cela m'a fait un peu peur au début. Maintenant, ce n'est plus le cas, car ça finit toujours et je me réveille chez moi."

"Où est-ce?"

Elle hésita.

"Je ne te le dirai peut-être pas " , dit-elle lentement. "Je ne sais pas vraiment pourquoi, mais ce n'est peut-être pas le cas. Peut-être que vous le saurez un jour. Vous, je pense, êtes américain."

Il la regarda fixement, son visage lisse prenant une expression étrangement solennelle.

« Vous voulez dire, insista-t-il, que tout cela n'est qu'un rêve, que vous et moi, au lieu d'être ici, dormons réellement quelque part, sur des continents différents ?

Elle acquiesça.

« Nous dormons, dit-elle, sur des continents différents, comme vous dites. Que nous rêvions ou que nos deux âmes fassent une petite excursion dans l'espace, oh ! qui le dira ? Qui peut s'interroger sur les choses merveilleuses qui se produisent dans l'espace ? ce monde le plus merveilleux ? J'ai cessé de remettre en question, mais j'ai aussi cessé de craindre.

Il ne répondit rien. Quelque part, au fond de sa tête, régnait la peur – une peur très précise et paralysante – que quelque chose n'allait pas chez lui, chez elle ou chez les deux. Au lieu de se trouver dans la frontière neutre des rêves, n'avait-il pas peut-être franchi la ligne tragique qui sépare l'esprit normal de l'esprit fou ? Elle semblait lire dans ses pensées et son attitude devint plus douce, presque tendre.

"Est-ce si terrible ?" » demanda-t-elle doucement. "Nous sommes ensemble, tu sais, mon ami. Ne serait-il pas pire de se promener seul ?"

Avec un grand effort, il se ressaisit.

"Infiniment", dit-il avec une conviction gratifiante. " Et tu es... tu es un atout, tu sais. J'ai honte d'agir comme un rustre . Si tu me supportes, j'essaierai désormais d'être plus comme un homme et moins comme un homme. " fantôme agité.

Elle frappa dans ses mains.

"Capital!" elle a pleuré. " Je savais que tu allais... quel est le mot ?... oh oui... *t'adapterais* . Et ce n'est que pour un petit moment. Tu te réveilleras très bientôt. Mais tu devrais en profiter tant que ça dure. Il y a beaucoup de choses amusantes là-dedans. tous."

Varick pensa sombrement que c'étaient les « choses amusantes » qui provoquaient sa perturbation, mais il garda sa réflexion pour lui et lui sourit d'un air ensoleillé.

"Par exemple", a-t-elle poursuivi, "comme nous n'existons pas vraiment ici et que nous ne sommes pas visibles pour ces gens, nous ne pouvons rien faire qui puisse les affecter de quelque manière que ce soit ou attirer leur attention. Regardez ça !"

Ils passaient devant une petite maison dont la porte d'entrée, donnant sur la rue, était entrouverte. À l'intérieur, ils pouvaient voir une grosse femme debout près d'une baignoire et en train de faire sa lessive, et une petite fille versant de l'eau chaude d'une bouilloire pittoresque dans une grande casserole pleine de vaisselle bleue sale. La poêle était placée près du bord d'une table en bois, et la petite fille était perchée sur un tabouret juste assez haut pour la mettre au niveau de son ouvrage.

"Vous êtes, j'en suis sûre, un bon athlète", murmura la femme. "Ou bien votre apparence vous dément", ajouta-t-elle avec un regard espiègle vers le haut. "Pourtant, de toutes vos forces, vous ne pouvez pas pousser cette casserole de vaisselle hors de la table."

Sans un mot, Varick franchit la porte, entra dans la maison et se dirigea vers la table. Elle le suivit de près. Il tenta de saisir la casserole dans ses mains puissantes et, à sa grande horreur, découvrit qu'elles ne contenaient rien. La casserole restait sur la table et l'enfant lavait maintenant sans souci la vaisselle bleue, fredonnant une petite chanson populaire tout en travaillant. Comme pour ajouter à l'ironie de la situation, la petite ouvrière souleva doucement la casserole et la déplaça dans une position qu'elle jugeait plus pratique. C'était la dernière touche. Avec un murmure étouffé d'intense exaspération, Varick déploya toutes ses forces dans un effort suprême. La casserole tomba, l'eau et la vaisselle bleue cassée recouvrirent le sol. Il recula d'un bond et resta consterné, contemplant les ravages qu'il avait causés.

"Oh, chérie ! oh, chérie !" murmura la voix à ses côtés. "Je n'aurais jamais imaginé que tu pourrais le faire, sinon je ne l'aurais pas suggéré. Oh, oh, la pauvre petite chérie !"

Car la grosse femme au baquet avait abandonné en toute hâte son ouvrage, traversé la pièce et réprimandait profondément le malheureux enfant qu'elle supposait responsable du méfait. Varick lui attrapa le bras.

" Oh, dis-je, " s'écria-t-il, " ça ne marchera pas du tout ! Elle ne l'a pas fait ; tout était de ma faute. Je paierai pour les choses. Ici... ici... "

Il fouilla dans ses poches tout en parlant et en sortit plusieurs pièces d'or. Mais le gros bras de la vieille femme n'opposait aucune résistance à sa poigne, et les pièces d'or n'existaient pas pour elle. Il était évident qu'elle ne voyait ni lui, ni eux, ni la femme qui l'accompagnait. D'une main impitoyable, elle donna une fessée à l'enfant, dont la voix s'élevait en lamentations aiguës. Varick et son compagnon coupable sortirent de la pièce avec un sentiment de grande impuissance, et il poussa un long soupir de soulagement en se retrouvant au lit, avec un froid soleil de février qui brillait à travers ses fenêtres, et le fidèle Parker. à ses côtés avec l'annonce apaisante que son bain était prêt.

L'un des compagnons privilégiés de Varick lors des camps et des excursions de chasse était un éminent spécialiste new-yorkais des maladies nerveuses. Un jour ou deux plus tard, Varick trouva opportun de se rendre dans le bureau de cet homme et, avec beaucoup de désinvolture, de lui raconter l'histoire de ses rêves, en lui donnant diverses touches légères qui, imaginait-il avec tendresse, cachaient l'anxiété qui se cachait sous le récit. "Les rêves récurrents", apprit-il alors, étaient une expérience humaine très courante et ne méritaient pas beaucoup d'attention.

"N'y pense pas", dit son ami. "Bien sûr, si cela vous inquiète, vous en rêverez tout le temps. Envoyez-moi cette 'visite dirigée personnellement' si vous ne l'aimez pas. Cela ne me dérange pas de rencontrer de jolies femmes qui sont des 'rêves, " que ce soit dans la chair ou hors de la chair. "

Alors que le temps passait et que le rêve ne revenait pas, Varick décida que cela ne le dérangerait pas non plus. Il pensait beaucoup à elle ; il la désirait même. Finalement, il essaya délibérément de provoquer le rêve en se couchant tôt, en se mettant dans l'attitude mentale appropriée, telle qu'il la concevait, et en regardant sa chambre faiblement éclairée avec des yeux écarquillés. Mais ce n'est qu'une fois tous les dix-huit mois qu'il réussit, ne serait -ce qu'en partie. Puis il vit la brume, vit les rues familières, la vit loin, très loin devant lui, et se précipitant en avant, la vit prendre un virage serré, aperçut un regard en arrière de ses chers yeux bruns alors qu'elle disparaissait – et se réveilla ! Il réfléchit beaucoup à ce look dans les mois qui suivirent. C'était un jeune modeste, singulièrement inconscient de ses propres charmes ; mais ce regard éloquent lui avait transmis un sentiment de nostalgie – de plus que de nostalgie.

Un certain intervalle s'est écoulé avant qu'elle revienne. Il y avait d'abord l'inévitable effet filmique, mais, dans la vision qui lui succéda, au lieu de se retrouver dans la petite ville, il se trouvait au fond d'une grande vieille forêt et dans une horrible agonie. Un accident s'était produit, il ne savait pas quoi. Il savait seulement qu'il avait été abattu, qu'il souffrait, qu'il mourait ! Il gémit, et alors même qu'il se tordait dans un spasme de douleur , il la vit assise sur la pelouse à côté de lui. Il tourna vers elle des yeux vitreux. Ses yeux bruns se tournèrent vers les siens avec un grand amour et une grande pitié au plus profond.

"Oh, ma chérie," murmura-t-elle, "je sais que cela te semble terriblement difficile.
Et parce que tu penses que tu souffres, c'est presque aussi dur pour toi que si tu le faisais. Mais tu n'es pas vraiment blessé, tu sais. Tu l'es. Je ne souffre pas. Tout est dans le rêve. Vous dormez profondément, très, très loin.

Il força un rire sardonique à sortir de sa gorge raide.

"Pas cette fois", parvint-il à articuler. "Quels qu'aient pu être les autres, ce n'est pas un rêve. C'est la réalité... et la mort !"

Elle lissa les cheveux de son front humide avec une belle touche caressante. Il sentit ses doigts trembler.

"Non," dit-elle. "C'est un rêve, et presque terminé."

"Alors vas-tu rester avec moi," haleta-t-il, "jusqu'à la fin ?"

"Oui", a-t-elle promis. "Essayez de le supporter encore un instant. Courage, mon cher cœur ! car déjà tu te réveilles... tu te réveilles... *tu... es... réveillé !* "

Il l'était, et il faisait jour, et autour de lui se trouvaient les objets familiers de sa propre chambre. Il s'essuya le front, qui était froid et humide. Il se sentait complètement épuisé.

"Reste avec moi jusqu'au bout !"

Si seulement elle le voulait ! S'il pouvait la trouver – la trouver dans ce monde humain et chaleureux, loin de cette horrible frontière où ils se sont rencontrés. Car à cette heure- là , il savait qu'il aimait… quoi ? Une femme ou un fantôme ? Créature de ce monde ou fantasme de la nuit ? Où qu'elle soit, quoi qu'elle soit, il l'aimait et il la voulait. Et à cette heure de son agonie, ses yeux lui avaient dit qu'elle l'aimait et le voulait.

Il fallut huit mois avant qu'ils ne se retrouvent. Les amis de Varick pensaient qu'il avait changé, et c'était très probablement le cas. L'insouciant garçon de vingt-huit ans était devenu un homme, un homme sympathique, sérieux, réfléchi, toujours adonné au sport et à la vie en plein air, mais surtout dévoué à une recherche qui l'avait mené sans fin hors des sentiers battus. manière des villes européennes. Il dormait dans l'une d'elles une nuit (pas *celle* -là, hélas ! — il ne l'avait pas trouvée) lorsque le voile, désormais si chaleureusement accueilli, tomba pour la quatrième fois.

Il se trouvait dans un jardin italien exquis, un endroit plein de parfums, de brises de mai, de soleil inondant et de ciel bleu dominant. En y entrant, il la vit venir à sa rencontre, et il s'avança pour la saluer avec son pouls bondissant et une lumière dans ses yeux qu'aucun autre que le sien n'y avait jamais vu. Même à ce moment suprême, l'atmosphère merveilleusement *réelle* de tout cela l'impressionnait. Il entendit craquer une brindille sèche sous son pied tandis qu'il marchait, et il reconnut les différents parfums des fleurs qui l'entouraient, la douceur lourde de quelques fleurs d'oranger tardives, le souffle délicat du laurier-rose, le parfum rappelant la rose. Puis leurs mains et leurs yeux se rencontrèrent, et chacun inspira longuement, et aucun des deux ne parla un instant. Lorsque Varick trouvait des mots, ils étaient très courants.

"Oh, mon amour, mon amour !" il a dit. Et elle, les écoutant avec des larmes soudaines dans ses yeux bruns, semblait y trouver la plus grande éloquence de la langue humaine.

"Ça fait si longtemps, si longtemps !" Il haletait. "J'ai commencé à penser que je ne te reverrais plus jamais."

Ils dérivèrent côte à côte le long d'un chemin sinueux bordé de roses, devant un vieux cadran solaire, devant un paon triomphant se pavanant devant son doux petit compagnon, devant une fontaine dont les embruns leur lançaient un message de bienvenue. Elle ouvrait la marche du pas habituel de quelqu'un qui connaissait et aimait l'endroit. Ils arrivèrent à un siège de marbre, à moitié caché par un enchevêtrement de vignes et de fleurs écarlates, et abrité par des branches de lauriers roses en surplomb ; là, elle s'assit et écarta ses jupes pour qu'il puisse s'asseoir près d'elle. Ses yeux bruns, désormais levés vers ses yeux gris affamés, le regardaient avec cet éclat adouci qu'il avait parfois vu dans ceux d'un enfant heureux.

« Aurais-tu dû me manquer, » demanda-t-elle doucement, « si tu ne m'avais jamais revu ? Aurais-tu dû être désolé ?

Il inspira longuement.

"Je t'aime", dit-il. "Quoi que tu sois, d'où que tu viennes, quoi que tout cela signifie, je t'aime. Je ne comprends rien d'autre, mais je le sais. C'est la seule chose sûre, la seule vraie chose, dans tout cet enchevêtrement."

Sans un mot, elle posa sa main dans la sienne. Il pouvait sentir distinctement sa texture fraîche, douce et exquise. Avec une exclamation de joie , il l'attira vers lui, mais elle se retint, l'expression de son beau visage atténuant l'effet du recul.

"Pas encore, chérie," dit-elle doucement. "Nous devons être très prudents. Vous ne comprenez pas. Si vous faites quelque chose de brusque ou de soudain, vous vous réveillerez - et alors nous nous séparerons à nouveau, qui sait pour combien de temps !"

Elle avait les larmes aux yeux pendant qu'elle parlait. En les voyant, il enfouit son visage dans ses mains et gémit, tandis que le sentiment de sa totale impuissance l'envahissait comme une inondation.

"Dieu!" » éclata-t-il avec une soudaine férocité. " De quel tour du diable s'agit-il ? Ce n'est pas un rêve. Cela ne peut pas être un rêve. Nous voici, deux êtres humains dans un monde humain, je le jure. Sentez ce laurier-rose. Écoutez cet oiseau chanter. Écoutez le ruissellement de cette fontaine. Et pourtant tu me dis que nous dormons !

Elle posa sa tête dans la courbe de son bras, appuyée sur le dossier couvert de lierre du siège bas. En se penchant sur elle, il vit que ses joues étaient mouillées. Cette vue le rendit désespéré.

"Ne le faites pas!" s'écria-t-il d'une voix rauque. "Ne fais pas ça ! Dites-moi ce qu'on attend de moi. Quoi que ce soit, peu importe à quel point c'est difficile ou combien de temps cela prend, je le ferai."

Elle ne répondit pas, mais elle fit un petit geste rapide avec la main la plus proche de lui. Cela signifiait le désespoir, presque le désespoir. L'obscurité commença à tomber et une première lune pâlissait dans le ciel. Quelque part, dans les buissons épais, près d'eux, un rossignol se mit à chanter. Pour l'imagination excitée de Varick, il y avait un pathétique déchirant dans les notes douces. Ils semblaient être ensemble, lui et elle, depuis longtemps, depuis des heures. Il baissa la tête jusqu'à ce qu'elle touche la sienne.

"Mais tu m'aimes?" Il a demandé. Elle bougea un peu et s'essuya les yeux avec un carré de lin ridiculement petit bordé de dentelle. Un coin, remarqua-t-il, portait une couronne brodée.

"Oui," dit-elle très doucement, "je t'aime."

Son ton lorsqu'elle parlait exprimait un tel désespoir que le sens complet de ses paroles ne lui vint pas immédiatement. Quand ce fut le cas, lentement, doucement, elle parla à nouveau.

"Mais oh, ma chérie, ma chérie !" s'écria-t-elle, pourquoi aimons-nous ? À quoi l'amour peut-il nous conduire, deux pauvres ombres dans un monde de rêve, dans lequel seul nous pouvons nous rencontrer ?

Il était silencieux. D'une manière ou d'une autre, il ne semblait rien pouvoir dire, même si plus tard il pensa à de nombreux mots avec lesquels il aurait pu remplir ce silence lancinant. Le crépuscule s'épaississait autour d'eux. Au loin, dans les fourrés, le rossignol gazouillait toujours passionnément, et maintenant les étoiles commençaient à apparaître au-dessus de leurs têtes, encore pâles sur le bleu chaud du ciel. Varick, assis avec raideur sur le vieux banc de marbre, prit conscience d'un étrange vertige et serra les dents avec une soudaine détermination à n'en montrer aucune trace. Elle s'était levée et circulait parmi les rosiers juste derrière eux. Presque avant qu'il ne lui manque , elle était revenue, tenant dans sa main une belle rose saumonée, avec un cœur fripé couleur flamme. Il n'en avait jamais vu un pareil auparavant. Lorsqu'elle le tenait près de lui, il exhalait un parfum délicieusement évocateur, un parfum qui semblait respirer d'anciennes joies, de vieux souvenirs et des amours d'antan.

"N'est-ce pas beau ?" dit-elle. "Elle s'appelle la *Toinnette* . Prends-la, ma chérie, et garde-la... pour mémoire." Puis, alors qu'il le lui prenait, ses yeux s'écarquillèrent dans une soudaine angoisse de terreur et de compréhension.

"Oh, tu me quittes !" dit-elle. "Tu te réveilles. Très chère, très chère, reste avec moi !"

Les mots et le regard qui les accompagnaient le poussèrent à une action soudaine. Il se leva d'un bond, l'attrapa dans ses bras, la retint là, l'écrasa là, embrassant ses yeux, ses cheveux, sa bouche d'une douceur exquise.

"Je ne te quitterai pas!" il a déliré. " Je jure que je ne le ferai pas ! Je défie le diable qui est derrière tout ça ! Je jure... " Mais elle aussi parlait maintenant, et ses paroles lui parvenaient à l'oreille comme d'une très, très longue distance, en sanglotant, avec une prise. dans la respiration, mais distinct.

"Hélas!" s'écria-t-elle, tu as tout gâché ! Tu as tout gâché ! Tu ne me reverras plus jamais. Très chérie, très chérie...

Il s'est réveillé. Son cœur battait à tout rompre et il gisait épuisé sur son oreiller. C'était une matinée sombre et une pluie froide battait lamentablement contre les vitres. Finis la Femme de Rêve, le jardin italien, le chant du rossignol, le parfum des fleurs. Comme ce parfum avait été précis ! Il pouvait déjà le sentir, tout autour de lui. C'était comme... comment c'était ? Il prit soudain conscience d'une sensation inhabituelle dans sa main, allongée sur le couvre-lit. Il y jeta un coup d'œil puis se redressa avec un sursaut soudain qui le fit presque perdre l'équilibre. Dans sa paume tournée vers le haut se trouvait une rose – une rose saumonée, légèrement écrasée, mais fraîche et parfumée, avec un cœur frissable couleur flamme. Varick le regarda, ferma les yeux, les rouvrit et le regarda à nouveau. Il était toujours là et, en découvrant qu'il l'était, Varick ressentit un picotement au cuir chevelu et un frisson le long de la colonne vertébrale. Son visage brun blanchit.

"Eh bien, par tous les dieux !" Il haletait. "Comment cette chose est-elle arrivée ici ?"

Personne ne le lui a jamais dit. Peut-être que personne ne pouvait le faire, à l'exception de la Femme des rêves, et il ne l'a jamais revue ; le mystère était donc insondable. Il mit la rose entre les feuillets de la Bible que sa mère lui avait offerte lors de son entrée au collège et qu'il n'avait pas ouverte depuis jusqu'à ce matin-là ; et la rose devint sèche et fanée au fil des années, tout comme n'importe quelle autre rose l'aurait fait.

Varick rendit une seconde visite, tout à fait informelle, à son ami médecin, qui se moqua de lui grossièrement et le pressa de partir pour un long voyage de chasse. Il y partit et connut un succès singulier, et revint avec un gros gibier considérable et un teint riche et brun. Lorsque le médecin lui demanda s'il se réveillait encore de son sommeil innocent pour trouver ses petites mains pleines de jolies fleurs, Varick jura naturellement et sainement, devint très rouge et frappa le médecin entre les épaules avec une force qui envoya le regard de ce monsieur. -des lunettes sur son nez. Mais, malgré tous ces incidents rassurants, Varick ne s'est jamais marié ; et il reste profondément intéressé quant à la source de cette rose. Il serait très reconnaissant à quiconque pourrait lui dire d'où vient cette chose. Ce n'est qu'à la demande de Varick qu'un homme qui en savait beaucoup sur les fleurs inspecta la rose fanée et écouta la description de son aspect une fois fraîche.

"Eh bien, oui," dit-il, "je connais cette variété. Elle pousse en Italie, mais je ne pense pas qu'elle soit connue ici. On l'appelle la *Toinnette !*"

II

L'EXORCISME DE LILY BELL

Il est fort possible que même Raymond Mortimer Prescott lui-même n'ait pas pu dire avec certitude le jour ou l'heure à laquelle Lily Bell est entrée dans sa vie ; et comme Raymond Mortimer Prescott était non seulement la seule personne privilégiée à jouir de la société de Miss Bell, mais aussi la seule personne à qui il était permis de contempler ses charmes, il semblerait que les enquêtes dirigées ailleurs étaient destinées à se révéler infructueuses. Raymond lui-même, d'ailleurs, n'était pas communicatif ; il avait la réserve d'un enfant unique dont les premiers efforts de conversation avaient été découragés par des parents égoïstement absorbés par les intérêts des « adultes », et dont la maison était trop éloignée des autres maisons de campagne pour attirer des camarades de jeu.

Sa mère était une invalide nerveuse, et presque dès l'enfance Raymond avait compris que son absence semblait lui être d'un bien plus certain que tout autre remède contre la neurasthénie. Son père était un homme occupé, absent de la maison pendant des semaines et supportant cet exil avec une gaieté joviale qui ne caractérisait pas toujours ses humeurs lorsqu'il daignait rejoindre le cercle familial. Parfois, l'aîné des Prescott éprouvait un pincement au cœur lorsqu'il regardait son fils, âgé de dix ans maintenant, possédant un corps superbement sain et probablement des aspirations sociales d'Américains en pleine croissance. Dans de tels moments d'illumination, le père pensait avec inquiétude que « le petit mendiant devait passer un moment terriblement solitaire » ; puis, examinant la compagnie d'animaux de compagnie préférée du petit mendiant, contemplant le barrage qu'il avait construit de ses propres mains occupées, inspectant avec approbation ses prouesses dans la piscine et avec ses cannes à poisson, notant même, dans son évaluation consciencieuse de la fortune de son héritier. atouts, l'assurance des taches de rousseur sur son nez et les coups de soleil sur l'ensemble de son visage, ce parent américain superficiel a facilement décidé qu'il n'y avait rien à changer avant un an ou deux. Il était impossible, même pour une conscience scrupuleuse, de faire de Raymond Mortimer un jeune martyr. Ce n'est pas la marque la plus enragée de la Nouvelle-Angleterre qui pouvait atteindre cela, et Raymond Mortimer Prescott, Sr., ne possédait certainement pas une telle possession. La gouvernante, Miss Greene, une ancienne infirmière de formation qui s'occupait du garçon en bas âge, s'occupait de ses vêtements et de ses repas. Malgré son caractère insaisissable, elle avait également réussi à le rendre maître d'une connaissance extrêmement élémentaire des lettres et des chiffres. Au-delà de cela, il était arrogant et ignorant, au point même d'ignorer son ignorance. Il avait ses chiens, ses cannes et son matériel de pêche, sa cabane à outils, l'air frais à volonté, le soleil et une santé parfaite ; en plus il avait Lily Bell.

Combien de temps a-t-il pu profiter du plaisir de la compagnie de ce jeune homme sans être remarqué par ses aînés est une question de conjecture ; cela faisait peut-être longtemps, car la curiosité familiale ne s'intéressait jamais à Raymond Mortimer, à moins qu'il ne se montre excessivement importun ou désobéissant. Mais les premiers documents nationaux de son arrivée, tenus assez naturellement par Miss Greene, dont le cœur de célibataire solitaire était le refuge domestique du garçon, remontaient à un jour de juin, alors qu'il avait cinq ans. Il était dans sa chambre d'enfant et elle dans une chambre attenante dont la porte communicante était ouverte. Elle l'avait entendu parler tout seul, comme elle le supposait, depuis longtemps dans la chambre d'enfant. A la fin, sa voix prit une note d'irritation enfantine, et elle entendit distinctement ses paroles.

"Mais ce ne sera pas comme ça", disait-il avec sérieux. "Ne vois-tu pas que ce ne sera pas bien ainsi ? Il n'y aura rien pour retenir le sommet."

Il y eut un long silence, au milieu duquel Miss Greene se dirigea prudemment vers la porte de la chambre d'enfant et regarda à l'intérieur. Le garçon était à genoux sur le sol, une ambitieuse structure de blocs devant lui, qu'il avait évidemment reculée pour contempler. Mais ses yeux en étaient détournés et sa tête était un peu penchée vers la gauche. Il avait un air très attentif et agacé. Il semblait écouter une longue dispute.

"Très bien", dit-il enfin. "Je le ferai. Mais ce n'est pas bien, et tu le regretteras quand tu le verras tomber." Il réorganisa à la hâte la structure du bloc, en ajoutant à la tour qui s'élève en tremblant sur le côté gauche. Conformément à sa prédiction, il tomba avec fracas, détruisant d'autres parties de l'édifice lors de sa chute. Le garçon tourna vers son compagnon invisible un visage où le triomphe et le dégoût se mêlaient également. « Voilà, maintenant ! se moqua-t-il ; "Je ne te l'ai pas dit, Lily Bell ? Mais tu ne croiras jamais ce que je dis : j'aime les filles !"

Miss Greene se retira précipitamment, levant au plafond des yeux remplis de surprise. Pour une raison qu'elle fut par la suite incapable d'expliquer, elle ne posa aucune question au garçon ; mais elle l'observa de plus près par la suite et découvrit que, si éloignée que fût la date de la première apparition de Miss Bell, elle était désormais fermement établie comme une invitée quotidienne, une personne honorée dont l'influence, bien que douce, était presque illimitée, et dont les doux ordres étaient généralement obéis sans hésitation. Parfois, comme dans le cas des blocs, Raymond Mortimer les combattait ; une ou deux fois, il leur désobéit. Mais la seconde fois , il s'affaissa tristement tout au long de la journée, avec l'air de quelqu'un à la dérive dans l'univers ;

et l'observatrice Miss Greene remarqua que la journée suivante fut une journée éprouvante, occupée à satisfaire avec impatience les souhaits inexprimés de Lily Bell, qui était visiblement revenue à ses côtés. À maintes reprises, l'enfant a fait des choses qu'il aurait évidemment préféré ne pas faire. La gouvernante le regarda avec un intérêt profond mais silencieux jusqu'à ce qu'elle l'entende dire, peut-être pour la dixième fois : "Eh bien, je n'aime pas ça, mais je l'aimerai si tu le veux vraiment." Puis elle parla, mais avec tant de désinvolture que le garçon, absorbé par son jeu, ne sentit rien d'inhabituel dans cette question.

"A qui parles-tu, Raymond?" demanda-t-elle en arrondissant le talon du bas qu'elle tricotait. Il répondit distraitement, sans lever les yeux du travail qu'il faisait.

"À Lily Bell," dit-il.

Miss Greene tricota en silence pendant un moment. Puis : « Où est-elle ? elle a demandé.

"Eh bien, elle est là !" dit l'enfant. "Juste à côté de moi !"

Miss Greene hésita et se lança. "Je ne la vois pas", remarqua-t-elle, toujours avec désinvolture.

Cette fois, le garçon releva la tête et la regarda. Il y avait sur son visage la légère impatience de celui qui a affaire à un entendement inférieur.

"Bien sûr que non," dit-il négligemment. "Tu ne peux pas. Personne ne peut voir
Lily Bell à part moi ."

Miss Greene s'est sentie snobée, mais elle a persévéré.

"Elle n'a pas l'air de bien jouer aujourd'hui", hasarda-t-elle.

Il lui lança un regard inquiet.

"Elle ne l'est pas", concéda-t-il, "pas très. "La plupart du temps, elle est très, très gentille, mais elle est plutôt fâchée aujourd'hui. Je suppose que peut-être", spécula-t- il franchement, "vous êtes ' la déranger en parlant autant."

Miss Greene accepta l'allusion subtile et resta silencieuse. À partir de cette époque, cependant, Raymond Mortimer comptait sur son acceptation de Lily Bell comme une personnalité reconnue et faisait librement référence à elle.

"Lily Bell veut que nous allions pique-niquer demain", annonça-t-il un jour où il avait six ans. "Elle dit : allons sur l'île sous le saule et prenons des sandwiches aux œufs et du soda au gingembre pour le déjeuner."

Miss Greene exécuta le programme avec gaieté, car l'enfant faisait singulièrement peu de demandes. Thomas, le jardinier, devait les ramer, et Miss Greene, une grosse personne qui se déplaçait avec difficulté, s'assit à l'avant du bateau avec un soupir de soulagement et entraîna Raymond Mortimer à côté d'elle. Il se dégagea de son emprise et se releva péniblement, ses grosses jambes écartées, ses yeux bruns déterminés.

"Vous ne pouvez pas rester là, s'il vous plaît, Miss Greene", dit-il presque austère.
"Lily Bell veut s'asseoir avec moi. Tu peux prendre l'autre siège."

Pour une fois, la bonne Miss Greene s'est rebellée.

"Je ne ferai rien de tel," annonça-t-elle fermement, "faire volte-face et renverser le bateau et peut-être nous noyer tous. Toi et ta Lily Bell pouvez vous asseoir ensemble au milieu et me laisser tranquille."

Une expression d'espoir apparut sur le visage de l'enfant. "Est-ce que ça fera l'affaire, Lily Bell ?" » demanda-t-il avec impatience. La réponse fut évidemment défavorable, car sa mâchoire tomba et il rougit. "Elle dit que ce ne sera pas le cas", annonça-t-il misérablement. "Je suis vraiment désolé, Miss Greene, mais nous devrons vous déranger ."

Si Miss Lily Bell avait eu l'habitude de formuler de telles exigences, la gouvernante aurait continué à se rebeller. Dans l'état actuel des choses, elle a de sérieux doutes quant à la sagesse d'établir un précédent aussi dangereux que celui de donner suite à cette demande absurde. Mais la détresse de Raymond Mortimer était si réelle, et le plaisir du pique-nique reposait si évidemment sur son abandon, qu'elle y parvint, quoique lentement, avec des gémissements et de sombres prédictions. Le visage du garçon rayonnait alors qu'il la remerciait.

"J'avais tellement peur que Lily Bell soit fâchée", lui confia-t-il, alors qu'il s'asseyait calmement sur sa moitié du siège arrière. "Mais elle va bien et nous allons passer un moment très agréable."

Cette prédiction était justifiée par les événements, car l'occasion était brillante, et la participation de Lily Bell était si persistante et si convaincante que parfois Miss Greene se retrouvait réellement à partager l'illusion de la présence de la petite fille. De plus, sa bonne humeur cédante en ce qui concerne le siège l'avait évidemment recommandée aux bonnes grâces de Miss Bell, et cette jeune personne avait fait appel au meilleur assortiment de ses meilleures manières pour faire honneur à l'invité adulte.

" Lily Bell veut que vous occupiez ce siège, Miss Greene, parce qu'il est à l'ombre et qu'il a un joli dos ", dit Raymond avec ravissement, presque aussitôt qu'ils eurent atteint l'île ; et Miss Greene s'y lança avec un soupir de contentement en réalisant que Miss Bell n'avait pas l'intention d'usurper toutes les places de choix, comme sa persistance plus tôt dans la journée aurait pu le suggérer à un esprit méfiant. Là, alternativement lisant et somnolent, elle écoutait par hasard le flux de conversations de son petit protégé, varié seulement par des offrandes occasionnelles, généralement suggérées par Miss Bell et allant du vairon qu'il avait réussi à attraper avec un ver et un épingle pliée aux friandises les plus prisées du déjeuner. Il y avait deux verres pour le soda au gingembre. Miss Greene en avait un et Lily Bell l'autre. Raymond Mortimer but vaillamment à la bouteille.

"Pourquoi n'utilises-tu pas le verre de Lily Bell ?" » fut la question très naturelle de Miss Greene. Il semblerait, en effet, que deux âmes aussi sympathiques auraient accueilli favorablement l'union plus étroite que cette suggestion invitait, mais Raymond Mortimer a rapidement dissipé cette illusion.

"Elle ne veut pas", répondit-il sombrement.

Cependant, dans d'autres détails, Miss Lily Bell était d'une douceur engageante et d'une disposition cédante de la plus grande correction. À maintes reprises Raymond Mortimer réussit à la convaincre, par la force et l'éloquence de ses arguments, de la supériorité de ses idées sur la construction des forts, la pêche et autres occupations qui remplissaient la journée. Le cœur de Miss Greene se languit du garçon alors qu'il venait vers elle pendant la chaleur de midi et se blottit confortablement à ses côtés, les yeux lourds et fatigués après ses efforts.

"Où est Lily Bell?" » demanda-t-elle en écartant les cheveux humides de son front et en se demandant si elle avait également le privilège de profiter de la présence invisible de l'invité d'honneur.

"Elle est là-bas, sous l'arbre, en train de faire une sieste", murmura le garçon, somnolent, en indiquant l'endroit exact avec une petite main crasseuse. "Elle m'a dit de venir rester avec toi pendant un moment."

Miss Greene sourit, profondément touchée par ce doux mélange de timidité et de prévenance de la part de la jeune fille.

"Comment Lily Bell t'appelle-t-elle ?" » demanda-t-elle avec intérêt. Le garçon se blottit sur l'herbe à côté d'elle et posa confortablement sa tête sur ses genoux.

"Elle connaît mon nom, Raymond Mortimer", dit-il d'un ton endormi, "mais elle m'appelle 'Bill' pour faire court." Puis, plus endormi, "Je le lui ai demandé", a-t-il ajouté. Un instant plus tard, ses paupières s'étaient baissées et lui aussi se trouvait au Pays de Nod, où Lily Bell l'avait joyeusement précédé.

Au cours des quatre années suivantes, Miss Greene eut le privilège de passer de nombreux jours en compagnie de Miss Lily Bell, et leur connaissance se transforma en une agréable amitié. À sa grande satisfaction, elle trouva le nom de Miss Bell évocateur dans ces moments de friction qui sont inévitables dans les relations entre les vieux et les jeunes.

"Je ne pense pas que Lily Bell aimerait ça", commença-t-elle à dire, timidement, lorsque des divergences d'opinion quant à sa conduite surgirent entre Raymond et elle. "Je pense *qu'elle* aime les garçons gentleman."

À moins que son jeune protégé ne soit d'humeur très obstinée, le rappel prévalait généralement, et il était d'une immense valeur pour surmonter les préjugés précoces du petit garçon contre l'eau et le savon.

"Est-ce que Lily Bell n'est pas propre ?" elle lui avait demandé un jour alors qu'il avait huit ans et on lui avait encore une fois souligné la nécessité du bain quotidien.

Raymond a admis qu'elle l'était.

"Quand elle arrive pour la première fois , elle l'est", a-t-il ajouté. " Bien sûr, elle se salit quand nous jouons. Eh bien, parfois, elle se salit terriblement ! "

L'excellente et sage femme a vu l'occasion qui s'offrait à elle et l'a immédiatement saisie.

"Ah," s'exclama-t-elle, "c'est ça le point. Je veux que tu commences propre et que tu te couches propre. Si tu me promets de prendre une baignoire avant de t'habiller le matin, et une autre avant d'aller te coucher. la nuit, je me fiche de savoir à quel point tu te salis en attendant ."

Cet heureux compromis effectué, elle fut émue de demander plus particulièrement à quoi ressemblait Miss Lily Bell. Elle se rappelait maintenant qu'elle ne l'avait jamais entendu décrire. Raymond Mortimer, découvrit-elle, n'était pas meilleur que le reste de son sexe lorsqu'il s'agissait de décrire les traits et les vêtements féminins, mais sur deux points, son témoignage était absolu. Lily Bell avait des boucles et portait des pantalons. Le dernier mot ne faisait pas partie de son vocabulaire, et il lui fallut un certain temps avant de réussir à transmettre l'impression correcte dans l'esprit de Miss Greene.

"Tu ne te souviens pas des petites filles dans les vieux livres Godey de maman ?" » demanda-t-il enfin, très anxieux, voyant que sa première description imparfaite avait conduit à une apparente oscillation de l'imagination de Miss Greene entre le volant en papier d'une côtelette d'agneau et un bonnet à froufrous. "Ils ont des pantoufles, des élastiques et des entonnoirs festonnés qui descendent sous leurs jupes. Eh bien ," - ceci avec un long soupir de soulagement alors qu'elle rayonnait en signe d'acquiescement - "voilà à quoi ressemble Lily Bell!"

Bien avant cela, la famille avait accepté Lily Bell comme membre du cercle domestique, la trouvant comme une camarade de jeu assez fiable et pratique pour le garçon. Pas toujours, bien sûr ; car il était très gênant de laisser un siège vacant à côté de Raymond Mortimer lorsqu'ils partaient en voiture, mais il fallait le faire, sinon Raymond resterait à la maison plutôt que d'abandonner sa chère Lily. Il fallut longtemps avant que son père oublie la noble réprimande administrée par son fils en une occasion lorsque l'aîné Prescott, ignorant inconsidérément la présence de Miss Bell, chercha à mettre fin à la dispute en s'asseyant à côté du garçon. Les cris de cette jeunesse, d'habitude si autonome, déchirent l'air ambiant.

"Père, *père !* " hurla-t-il, dansant littéralement de haut en bas dans son angoisse, "tu es assis sur Lily Bell !" Puis, au plus fort du tumulte, il s'arrêta net, une expression de soulagement immense couvrant son visage. "Oh non, toi non plus," cria-t-il avec extase. "Elle a sauté. Mais elle ne veut pas y aller maintenant, et moi non plus" ; et il rejoignit aussitôt son camarade de jeu imaginaire sur la route. S'arrêtant là, il lança à son parent décontenancé un regard de reproche indescriptible et un conseil utile sur l'étiquette.

"Ne savez-vous pas," demanda-t-il d'un ton pierreux, "que les messieurs ne s'assoient *jamais* sur les dames ?" Revenant à grands pas sombres vers la maison, vraisemblablement à côté de la jeune fille indignée, il laissa son parent convulsé survivre du mieux qu'il pouvait à la privation de leur présence. C'est ce que M. Prescott a fait à contrecœur. Il commençait à trouver la société de son fils et de Lily Bell à la fois intéressante et exaltante. Il montra, en fait, une compréhension et une sympathie surprenantes pour « l'histoire d'amour », comme il l'appelait. "Le pauvre petit mendiant devait avoir quelque chose", dit-il avec indulgence, "et un camarade de jeu imaginaire est aussi sûr que tout ce que je connais." C'est pourquoi il parla respectueusement de Miss Bell dans sa conversation avec son fils et, hormis l'événement tragique que nous venons de raconter, il la traita avec une considération distinguée.

L'acceptation de la situation par sa femme était moins heureuse. Mme Prescott, dont le manque total de sens de l'humour avait longtemps attristé son entourage, sentit soudain naître un enfant encore plus attristant, et la cause en était Lily Bell. Elle parlait de ce jeune homme sans aucun respect et fut convulsée par un rire stupide lorsque son fils lui répondit sobrement. Le garçon n'aimait pas cette attitude, d'abord maussade, puis farouchement.

"Elle agit comme s'il *n'y avait pas* vraiment de Lily Bell", confia-t-il à son père, dans un moment d'émotion. "Je ne pense pas que ce soit gentil ou p'lite , et ça blesse les sentiments de Lily Bell."

"C'est mauvais", dit sobrement le père. "Nous ne devons pas avoir ça. Je vais parler à ta mère."

Il l'a fait par la suite, et avec un tel effet que l'expression d'amusement de Mme Prescott a été temporairement supprimée. Mais la confiance de Raymond Mortimer fut momentanément ébranlée et il éloigna le plus possible son petit ami et sa mère. Rarement par la suite, Lily Bell cherchait la chambre de l'invalide avec le garçon, même si elle l'accompagnait fréquemment à la bibliothèque de son père lorsque ce monsieur était à la maison et, vraisemblablement, écoutait avec admiration leur conversation inspirante. M. Prescott avait commencé à parler à son garçon « d'homme à homme », comme il l'avait dit un jour, et cette phrase avait tellement ravi le garçon, maintenant âgé de dix ans, que son père lui avait librement donné la gratification innocente de l'écouter souvent. De plus, cela aidait dans certaines conversations où surgissaient des questions de morale. En tant que petit fils d'un père en colère, Raymond Mortimer n'a peut-être pas été très impressionné par la théorie parentale selon laquelle les pastèques ne doivent pas être volées dans les parcelles de leur seul voisin, un vieux célibataire croustillant. Cependant, en tant qu'homme du monde, écoutant les opinions de quelqu'un de plus sage et de plus expérimenté, il a compris que se servir soi-même avec les melons d'autrui n'est vraiment pas le genre de chose qu'un homme honnête peut faire. Lily Bell partageait également l'opinion de l'homme plus âgé.

"Elle dit qu'elle n'aime pas ça non plus", confia le garçon à son père avec un soupir admiratif. "Elle ne m'accompagnerait jamais, tu sais. Mon Dieu!" - ceci avec un soupir plus lourd - "J'ai peur si je fais tout ce que tu et Lily Bell veulent que je sois terriblement bon!"

Son père cherchait à le rassurer sur ce point, mais lui-même commençait à nourrir une peur latente d'un autre personnage. La poursuite plus longue de cette compagnie de rêve était-elle vraiment sage ? Jusqu'à présent, si cela avait influencé le garçon, c'était pour de bon. Mais il vieillissait ; il avait presque onze ans. N'était-il pas temps d'éliminer cet enfant ami imaginaire au profit de... de quoi ? L'esprit du père se heurta à la question et recula, vide de sens. Pas d'exercice, pas d'activités de plein air, pas d'animaux de compagnie, car Raymond Mortimer possédait tout cela et bien plus encore. Sa petite amie ne lui avait pas fait de lait. C'était un garçon actif, énergique, vivant, sain d'esprit, avec tous les intérêts normaux d'un garçon. Lorsqu'il construisait des chenils pour ses chiens et fabriquait des clapiers pour ses lapins, Lily Bell restait à ses côtés, il est vrai, mais sa supervision amicale ajoutait à la vigueur et à l'excellence de son travail. En effet, Lily, malgré ses pantalettes, semblait avoir en elle une veine sportive. Pourtant, réfléchit le père avec inquiétude, cela ne pouvait mener à rien de bon — ce développement anormal et continu de l'imagination. Car Lily Bell était aussi réelle pour le garçon de dix ans qu'elle l'avait été à six ans.

Que pourrait-on faire ? Par quel coin entrant pourrait-on commencer à déloger cette présence persistante ? Si l'on renvoyait le garçon, Lily Bell, bien sûr, partirait aussi. Si l'on apportait... si... l'on... apportait...

M. Prescott s'est levé d'un bond et s'est giflé le genou avec enthousiasme. Il avait résolu son problème, et la solution était extrêmement simple. Quoi, en effet, sinon une autre petite fille ! Une vraie petite fille, une petite fille en chair et en os, une petite fille joyeuse et active, qui, comme se le disait inélégamment M. Prescott, « ferait ressembler Lily Bell, avec ses boucles et ses pantalettes, à trente cents ». ". Il doit sûrement y avoir dans le cercle de leurs amis et de leurs parents une petite fille qui pourrait être empruntée et introduite — oh ! avec désinvolture et avec un tact infini ! — dans leur ménage pour quelques mois. M. Prescott, très content de lui, fit un clin d'œil machiavélique et chercha sa femme, apparemment pour la consulter, mais en réalité pour l'informer qu'il avait pris sa décision et que ce serait son heureux privilège de s'occuper de cette affaire insignifiante. détails de la réalisation de son plan.

En trois semaines exactement, Margaret Hamilton Perry était établie dans la ferme de Prescott pour une visite d'une durée indéterminée, et trois heures précisément après son arrivée, Margaret Hamilton avait annexé la ferme de Prescott, ses habitants et toutes les choses qui s'y rapportaient et les avait fait siennes. Elle était la plus enthousiaste et la plus adorable des petites et grosses filles, vivante du sommet de sa tête bouclée jusqu'à la semelle de ses petites chaussures à talons à ressorts. Comme M. Prescott l'a fait remarquer par la suite dans un moment d'extrême auto-appréciation, si elle avait été préparée sur commande, elle n'aurait pas pu mieux remplir l'addition. Née et élevée en ville, la campagne était pour elle une mine de délices inexplorés. La timidité de Raymond Mortimer, soudain confronté à cette nouvelle personnalité et au besoin immédiat de la divertir, céda devant l'enthousiasme de la petite fille pour ses animaux de compagnie, ses lieux favoris, les ouvrages de ses mains, tout ce à quoi il participait. . S'accrochant à sa main avec une panique ravie tandis qu'ils visitaient les animaux, elle expliquait les privilèges de ces êtres heureux qui vivaient toujours au milieu de tant de délices.

"J'aurais aimé ne plus jamais avoir à repartir", a-t-elle conclu avec mélancolie.

"J'aurais aimé que vous ne le fassiez pas non plus", dit Raymond galamment, puis il fut lui-même choqué. Était-ce de la loyauté envers Lily Bell ? Cette réflexion donna une teinte de froideur à son prochain discours. Lorsque Margaret Hamilton, acclamée par l'hommage, a demandé avec assurance : "Puis-je jouer beaucoup avec vous et vous aider à créer des choses ?" la réponse du garçon tarda.

"Oui," dit-il finalement, "si Lily Bell vous le permet."

"Qui est Lily Bell ?"

"Elle... eh bien, c'est la fille avec qui je joue ! Tout le monde connaît Lily Bell !"

"Oh!"

Une partie de l'éclat du visage impatient avait disparu.

"Est-ce qu'elle m'aimera?" » demanda-t-elle enfin.

"Je ne sais pas, je suppose, peut- être."

"Est-ce que je l'aimerai?"

"Je ne sais pas. Tu ne peux pas la voir, tu sais."

"Je ne peux pas la voir ? Pourquoi je ne peux pas la voir ? Ne vient-elle jamais ici ?"

« Oh oui, elle est là tout le temps, mais... » Le garçon se tortilla. Pour la première fois de sa courte vie , il avait... *avait* -il... honte de Lily Bell ? Non; pas ça. Jamais ça ! Il tenait sa petite tête haute et ses lèvres serrées ; mais c'était un garçon, après tout, et sa voix, pour cacher son embarras, prit un ton de haute supériorité.

"Personne ne la voit à part moi", a-t-il affirmé. "Ils aimeraient bien, mais ils ne le font pas."

"Pourquoi pas ?"

En vérité, c'était un enfant persistant. Le garçon était sur le point de se rendre complètement, et il y est parvenu.

"Ce n'est pas une petite fille comme toi", expliqua-t-il brièvement. "Elle n'a pas de maison et je ne sais pas d'où elle vient, le paradis peut-être", hasarda-t-il désespérément, comme une sorte de "En cas de doute, jouez de l'atout". "Mais elle vient, et personne d'autre que moi ne la voit, et nous jouons."

"Hein!" Ceci sans l'enthousiasme de Margaret Hamilton Perry. Elle le regarda à distance pendant un moment. Puis, avec un effort de compréhension, elle reprit la parole.

"Je ne devrais pas penser que ce serait très amusant", dit-elle franchement. « Je fais juste semblant qu'il y a une petite fille alors qu'il n'y en a pas ! Je devrais penser que ce serait beaucoup plus sympa... » Elle hésita, un sentiment de délicatesse l'empêchant de faire valoir le point qu'elle avait si manifestement en tête.

"Quoi qu'il en soit," ajouta-t-elle généreusement, "je l'aimerai bien et je jouerai avec elle si tu l'aimes."

Raymond Mortimer était soulagé mais dubitatif. Les souvenirs de l'extrême contrariété de Lily Bell l'envahissaient parfois.

"Si elle te le permet", répéta-t-il avec obstination.

Margaret Hamilton le regarda et ses yeux s'écarquillèrent.

"Tu ne me laisseras pas, si elle ne le fait pas ?" Elle haleta. "Pourquoi— pourquoi—" La situation la submergea. Les grands yeux marron se remplirent soudainement. Un petit dos vichy ondulant de gros sanglots fut présenté à Raymond Mortimer. En lui est née immédiatement l'antipathie de l'homme envers les larmes de la femme.

"Oh, dis," supplia-t-il, "ne pleure pas ; s'il te plaît, ne le fais pas." Il s'approcha du vichy et le toucha timidement. "Elle te laissera jouer avec nous", a-t-il insisté. Et puis, ému jusqu'à l'insouciance totale alors que les sanglots continuaient : " *Je vais la faire !*" il a promis. Le dos en vichy a cessé de se soulever ; un visage mouillé était tourné vers lui et un arc-en-ciel courbait leur petit paradis tandis que Margaret Hamilton souriait. Son premier triomphe était complet.

Il est regrettable que Lily Bell ne se soit pas immédiatement prêtée à l'accomplissement de cet agréable accord. Il est vrai qu'elle apparaissait quotidiennement, comme autrefois, et Margaret Hamilton était autorisée à entrer en sa présence et à se joindre à ses jeux, mais les exactions de Lily Bell devenaient d'heure en heure plus ennuyeuses. Il était évident que Raymond Mortimer les ressentait ainsi, car ses rougeurs angoissées en témoignaient lorsqu'il les répétait à la victime.

"Elle veut que tu partes et que tu t'assoies, pour que tu n'entendes pas ce que nous disons", dit-il un jour à Margaret Hamilton. "Je ne pense pas que ce soit très poli de sa part, mais elle dit que tu dois le faire."

Cette brève critique de Lily Bell, la première que le garçon ait jamais prononcée, réconforta la petite fille dans son exil. "Peu importe," dit-elle. "Je m'en fiche… beaucoup. Je sais que ce n'est pas de ta faute." Car à cette époque, elle aussi était sous l'influence du charme de la réalité convaincante que Raymond Mortimer avait réussi à jeter sur son ami imaginaire.

"Elle fait des choses que Ray ne ferait pas", a-t-elle confié un jour à Miss Greene. "Je veux dire," hâtivement, alors qu'elle réalisait soudain ses propres mots, "Je veux dire, elle le fait réfléchir... il pense qu'elle pense... Oh, je ne sais pas comment te l' expliquer !" Et Margaret Hamilton abandonna précipitamment un problème aussi compliqué. En réalité, elle y faisait face avec une sagesse bien au-delà de son âge. Le garçon était en proie à une obsession. Margaret Hamilton aurait été tristement perplexe devant ces mots, mais dans sa petite tête sage se trouvait l'idée qu'ils véhiculent.

" Il pense qu'elle est vraiment là, et il pense qu'il doit être gentil avec elle parce qu'ils sont vraiment très vieux " , se dit-elle. "Mais elle n'est pas très gentille ces derniers temps, et elle le met en colère, alors peut-être que d'ici là il se fatiguera et la fera mieux agir ; ou peut-être..."

Mais ce dernier « peut-être » était trop audacieux pour avoir sa place même dans la partie la plus reculée de l'esprit d'une petite fille.

Elle se prêtait avec une bonhomie facile aux exactions de Lily Bell. Elle n'avait aucun attachement pour cette jeune personne, et elle laissait voir qu'elle n'en avait pas, mais elle était courtoise, comme envers un autre invité.

" Pooh ! Cela ne me dérange pas ", était son commentaire habituel sur les ordres de Miss Bell ; et cette joyeuse acceptation mettait en relief les ombres sombres de la perversité de Lily Bell. Une ou deux fois , elle proposa des vacances.

« Ne pourrions-nous pas aller quelque part, tout seuls, pour un pique-nique, hasarda-t-elle un matin, et ne pas demander à Lily Bell ?

C'était une suggestion audacieuse, mais la conduite de Miss Bell avait été particulièrement répréhensible la veille, et même l'esprit intrépide de Margaret Hamilton était irrité par le conflit.

« Ne voudriez-vous pas aussi vous reposer ? ajouta-t-elle, insinuante. Apparemment, le garçon le ferait, car sans commentaire, il fit les préparatifs de la journée, et bientôt lui et l'enfant furent assis côte à côte dans le bateau dans lequel le vieux jardinier les conduisit à la rame jusqu'à leur île bien-aimée.

C'était un jour parfait. Rien n'a été dit sur Lily Bell, et sa présence n'a jeté aucun nuage sur ces heures de soleil. Assise avec adoration à côté du garçon, Margaret Hamilton s'initia aux mystères de l'appât et de la pêche, et le respect du garçon pour sa compagne augmenta visiblement lorsqu'il découvrit qu'elle pouvait non seulement amorcer ses hameçons pour lui, mais aussi enfiler le poisson, poser le planche de fête pour le déjeuner, et l'exposer. C'était un camarade de jeu qui en valait la peine . Raymond Mortimer, longtemps esclave des exigences de Lily Bell, pour qui il avait été allé chercher et transporté sans gratitude, se détendit facilement dans le confort de la sphère plus agréable de l'homme et se laissa servir par une femme.

Le mois d'août se passa ainsi et d'autres manières. Margaret Hamilton, telle l'enfant au cœur joyeux qu'elle était, chantait tout au long de l'été et resserrait autour d'elle le cœur de ses compagnes.

Avec la sagesse presque étrange qui la caractérise, elle s'est abstenue de discuter de Lily Bell avec les autres membres de la famille. Peut-être s'est-elle inspirée de Raymond Mortimer, qui lui-même parlait de moins en moins d'elle au fil des semaines ; mais il est fort probable que cela faisait partie d'un instinct qui interdit de discuter des défauts de ses amis. Lily Bell était pour Margaret Hamilton une tache sur l'écusson du garçon. Elle ne voulait même pas le lui faire remarquer, activement alors que sa petite âme pratique se révoltait contre son illusion. Une fois cependant, dans un rare moment de franchise, elle s'est ouverte auprès de M. Prescott.

"Je ne l'aime pas beaucoup", dit-elle, faisant bien sûr référence à Lily Bell. "Elle est tellement idiote ! Je déteste faire semblant et faire des choses que nous ne voulons pas faire alors que nous pourrions passer de si bons moments seuls."

Elle enfouit son nez dans son gilet tout en parlant et renifla de manière assez lamentable. Cela a été une journée éprouvante. Lily Bell avait été très *présente et sa présence avait pesé sensiblement sur le* moral des deux enfants.

"Tu ne peux pas te débarrasser d'elle ?" suggéra l'homme sans vergogne. "Une vraie petite fille comme toi devrait se débarrasser d'un enfant de rêve – une fille imaginaire – tu ne penses pas?"

Margaret Hamilton leva la tête et regarda longuement les yeux qui la regardaient. L'homme acquiesça solennellement.

"J'essaierais si j'étais toi", dit-il. "J'essaierais très fort. Tu ne veux pas d'elle dans les parages. Elle gâche tout. En plus," ajouta-t-il, à moitié pour lui-même, "il est temps que le garçon se remette de ses bêtises."

Margaret Hamilton réfléchit, son petit visage s'éclairant.

"Es-tu vraiment, vraiment sûr que ce ne serait pas méchant ?" » elle a demandé, avec espoir.

"Ouais. Parfaitement sûr. Entrez et gagnez !"

Très réjouie par cette sanction officielle, Margaret Hamilton fit le lendemain sa deuxième proposition d'une journée *à deux* .

« Tout seuls », répéta-t-elle fermement. " Et pas Lily Bell, parce qu'elle gâcherait tout. Et tu me ramènes jusqu'à l'île. N'emmenons pas Thomas. "

C'était clairement faux. Les enfants n'étaient autorisés à prendre le bateau que sous le regard attentif de Thomas ; mais, comme on l'a souligné, Margaret Hamilton avait ses défauts. Raymond Mortimer luttait faiblement dans le gouffre de la tentation, puis succombait et sombrait.

"Très bien," dit-il en grande partie, "je le ferai. Nous déjeunerons aussi, et peut-être que je ferai un feu."

"Nous jouerons comme des habitants des cavernes", a contribué Margaret Hamilton, dont l'invention a toujours dépassé la sienne et dont l'imagination a récemment été stimulée par Miss Greene, qui lisait occasionnellement à haute voix aux enfants. "Vous chassez, récupérez la nourriture, ramenez-la à la maison et je la cuisinerai. Soyez un homme grand et courageux et je serai votre—votre compagnon", a-t-elle conclu, citant librement le dernier article intéressant. volume auquel elle avait prêté une oreille.

L'image a séduit Raymond Mortimer. D'un pas viril, il s'approcha du bateau, l'aida à monter, le détacha de ses amarres et largue les amarres. Le front assombri par l'inquiétude, il lui ordonna hautainement de diriger et ne parla plus jusqu'à ce qu'ils aient atterri en toute sécurité.

Seuls sur leur île déserte, les deux enfants ont fidèlement exécuté le programme de la journée. Avec les branches sèches ramassées par sa compagne, le mâle intrépide alluma bientôt un feu, et se retirant précipitamment vers un point confortablement éloigné de celui-ci, ils contemplèrent leur travail. La pêche, le nettoyage et la cuisson de leurs prises occupaient la matinée ; et si, en effet, le nettoyage est une chose à laquelle l'esprit passerait avec miséricorde, les principaux concernés étaient satisfaits et mangeaient avec un appétit prodigieux.

"C'est terriblement drôle", dit confortablement Raymond Mortimer, alors qu'ils se reposaient sous un arbre après leur repas, "mais quand Lily Bell et moi venions ici..."

Il s'arrêta et regarda derrière lui avec appréhension, comme s'il craignait que l'invité inopiné ne soit même maintenant à portée de voix. Apparemment rassuré, il reprit : "Quand Lily Bell et moi venions, nous nous endormions presque toujours après un certain temps . Je - nous - étions un peu fatigués de parler, je suppose. Mais quand vous et moi parlons, je ne le fais pas. se fatiguer."

Margaret Hamilton rougit de joie, mais un excès de pudeur vierge l'envahit au même moment.

"Pourquoi pas toi ?" » elle a demandé, timidement.

"' Parce que je t'aime mieux."

Margaret Hamilton haletait, bafouillait, regardait autour d'elle. Chaque chose était à sa place ; il n'y avait pas eu de bouleversement sous-marin. Le garçon était là et il avait dit cette chose dont tout le sens lui apparut soudain. Se levant, elle se précipita sur lui avec l'impétuosité de sa nature intense.

"Est-ce que tu vraiment?" elle haletait et gargouillait. "Vraiment ? Oh, vraiment ? Oh, Ray, je suis tellement content !"

Et elle l'a embrassé !

Se dégageant dignement de l'étreinte tenace de la jeune fille, le jeune homme indigné se leva.

"Ne recommence plus jamais ça, Margaret Hamilton Perry", dit-il lentement et avec une terrible sévérité. "Ne le fais jamais. Lily Bell n'a jamais, jamais fait une chose pareille !"

Elle recula, mais sans vergogne.

"C'est parce que j'étais si heureuse", dit-elle joyeusement. "Les vraies filles le font toujours ; elles sont comme ça. Mais je ne le ferai plus. C'est moi que tu préfères, quand même, n'est-ce pas ?" » elle a demandé, anxieusement.

Il s'approcha prudemment.

"Oui, je le fais," dit-il froidement, "mais n'essayez plus ça, sinon je ne le ferai pas!"

Puis ils parlèrent des habitants des cavernes, de la chaleur agréable d'un feu en plein air un jour d'août, et des choses merveilleuses qu'ils feraient au cours des semaines à venir. Et l'absorption de leur conversation était telle que lorsque le fidèle Thomas, après avoir ramé après eux, s'approcha furtivement et frappa le garçon dans le dos, ils crièrent à l'unisson.

Qu'aucune rancune ne persistait dans l'esprit de Raymond Mortimer envers la trop démonstrative Margaret Hamilton, cela fut prouvé par la remarque négligente qu'il fit à son père lorsque, quelques jours plus tard, ce gentleman posa une question plaisante sur la santé de Lily Bell.

Son fils le regarda un instant, comme quelqu'un qui cherche à se remémorer les neiges d'antan.

« Oh, dit-il enfin, je ne l'ai pas vue depuis longtemps. Elle ne revient plus maintenant.

Puis, alors que son père souriait largement à cette triste nouvelle, le fils rougit pourpre.

"Eh bien, je m'en fiche", dit-il avec chaleur. "Tout est de ta faute. Ne m'as - tu pas dit que je devais méditer sur Margaret ? , "Lily Bell a arrêté de venir elle-même !"

L'exorcisme de Lily Bell était terminé. Contrairement à Lily Bells, plus imposante et de plus grande taille, elle avait su faire coïncider sa disparition avec un souhait en ce sens de la part de son gentleman ami.

III

SON DERNIER JOUR

Pendant un certain temps – peut-être une heure ou plus – elle resta parfaitement immobile, regardant la ligne vacillante tracée sur le sol par un rayon de soleil égaré qui s'était frayé un chemin à travers la fenêtre du salon de son hôtel. Au début , elle regardait sans le voir, avec le regard terne et introspectif du mélancolique. Alors elle commença à remarquer la chose, à la craindre, à guetter les contours d'un visage humain frémissant et à trembler un peu. Il y avait sûrement eu un visage, pensa-t-elle vaguement en fronçant les sourcils pour tenter de s'en souvenir. Il lui fallut une demi-heure avant de réaliser de quoi il s'agissait, et le quart d'heure qui s'écoulait encore était marqué par une horloge sur la table près d'elle lorsqu'elle leva suffisamment le regard pour suivre la poutre le long du sol, le long du mur, pour voir la vitre où il était entré. Elle se leva brusquement. Cela faisait longtemps qu'elle n'avait pas fait un mouvement volontaire et conscient, et elle le savait. Elle inspira profondément en se levant, et presque à l'instant elle éprouva une sensation vitale d'équilibre et de liberté. Le poids tomba de ses pieds, l'obscurité dans laquelle elle avait vécu pendant des semaines se détacha autour d'elle comme un brouillard qui s'éloignait, ses muscles relâchés se contractèrent. Elle se dirigea à tâtons vers la fenêtre et resta là un moment, posant sa joue contre la vitre fraîche et regardant le ciel. Bientôt, ses yeux tombèrent au niveau d'une ligne de flottaison lointaine, et elle vit la rivière et les arbres qui bordaient sa rive lointaine, ainsi que les bateaux se déplaçant rapidement à sa surface.

Elle allait mieux. Elle savait tout ce que cela signifiait, combien et combien peu. Pendant un intervalle, long ou court, selon le cas, elle redevint un être humain rationnel. Elle fit brusquement un écart par rapport à la fenêtre et balaya la pièce du regard, la reconnaissant comme celle qu'elle occupait avant de « sombrer », comme elle se le disait, et essayant, à partir de l'association avec les objets familiers qui l'entouraient, de me faire une idée de la durée de cette attaque.

Au début de sa dépression, les intervalles entre la conscience intelligente et la folie étaient longs. Elle était elle-même, ou était capable de se tenir assez bien en main, la plupart du temps, et le chaos, lorsqu'il survenait, ne durait que quelques jours ou quelques semaines. Récemment, cette situation s'est inversée. Elle avait perdu la connaissance du temps, mais elle sentait que des siècles avaient dû s'écouler depuis ces dernières heures volantes et bénies où elle se connaissait au moins pour ce qu'elle était. Elle saisit maintenant sa raison qui lui revenait, avec un petit gémissement désespéré et frémissant, qu'elle étouffa rapidement. Quelqu'un devait être à proximité, se souvenait-elle, pour monter la garde : son infirmière, ou une femme de chambre d'hôtel si l'infirmière faisait l'une de ses rares sorties. Celui qui la surveillait devait se trouver dans la pièce voisine, car la porte était ouverte entre les deux. L'infirmière serait heureuse de son retour, pensa la patiente. C'était son habitude — une habitude singulièrement pathétique, l'infirmière l'avait trouvée — de toujours qualifier ses crises de « absences », et les guérisons temporaires de « retours ».

Elle se dirigea vers la porte ouverte puis s'arrêta, sentant soudain qu'elle n'était encore prête à parler à personne , même à l'infirmière, pour qui elle éprouvait un sentiment amical nonchalant basé sur la dépendance et l'association continue. Elle avait envie de réfléchir – mon Dieu, de pouvoir réfléchir encore ! – et il lui semblait qu'il y avait tant de choses à penser et si peu de temps pour le faire. Son cœur s'arrêta lorsqu'elle réalisa cela. Sur combien de temps pourrait-elle compter en toute sécurité, se demanda-t-elle. Une semaine? Quelques jours? Cela n'avait jamais fait moins d'une semaine, jusqu'au dernier épisode. Elle se détourna de cette pensée avec un frisson malade, mais sa mémoire la fit remonter et la retint impitoyablement devant elle : l'heure, le moment, l'endroit même où elle était assise lorsque cela se produisit. Elle parlait à un ami qui, inconsciemment, avait dit quelque chose qui l'ennuyait et l'excitait. Elle voyait maintenant le visage de cet ami s'assombrir devant ses yeux – d'abord perplexe, puis effrayé, puis se tordant et se tordant en formes hideuses, pensa-t-elle, jusqu'à ce que, dans son horreur, elle l'atteigne. Elle ne devait pas penser à cela, comprit-elle en serrant les dents et en se redressant. Elle avait une volonté d'une force extraordinaire, ses médecins et ses infirmières l'avaient reconnu, et elle résolut que cela lui servirait maintenant. Avec une détermination farouche, elle reconstitua les parcelles de mémoire qui lui restaient. Elle avait alors eu trois jours, trois petits jours. Elle n'osait plus compter sur autant de répit à présent, même si elle en avait peut-être, et même davantage. Mais un jour – la Providence lui laisserait sûrement un jour – un *dernier* jour. Ses amis et les spécialistes commençaient à parler d'asile. Elle en avait entendu parler avant de succomber à cette dernière attaque ; et même si son souvenir de ce qui s'y était passé était heureusement vague, elle se souvenait vaguement des luttes et des cris de quelqu'un à l'agonie – ses propres cris, elle les connaissait maintenant, même si elle ne les avait pas connus alors. Tout cela signifiait que son état empirait et qu'elle devenait de plus en plus « difficile ». Tout cela signifiait une invalidité chronique, des soins constants et un éventuel confinement.

Son cerveau était désormais anormalement clair, surnaturellement actif. Cela fonctionnait avec une déférence empressée, comme s'il s'efforçait d'expier les périodes où cela lui avait fait défaut. La petite horloge sonna dix heures. Il était tôt : elle avait une longue journée devant elle, une belle journée de printemps ; car elle remarquait maintenant le vert tendre des feuilles et la jeunesse de l'herbe. Comme il serait intéressant, pensa-t-elle paresseusement, de sortir dans le monde libre et occupé, de se mêler aux êtres humains, de se promener dans les rues de la ville et d'entrer en contact avec la vie et les vivants. Elle y allait, elle passait la journée ainsi ; mais hélas! l'infirmière y allait aussi – cool, gentille, professionnelle, alerte, discrètement vigilante. Si elle pouvait d'une manière ou d'une autre lui échapper et partir seule. …

Ses yeux se plissèrent et prirent un air rusé alors qu'elle les tournait de côté vers la porte ouverte. Aussi furtivement qu'un chat, elle s'y glissa et regarda à l'intérieur. Sur un divan dans le coin le plus éloigné, l'infirmière gisait étendue dans un profond sommeil, dont le caractère imprévu était démontré par le livre qui gisait sur le sol, tombé, évidemment, d'elle, soudainement détendu. des doigts. La malade recula aussi silencieusement qu'elle s'était avancée, et, se dirigeant vers un miroir de cheminée dans son salon, y tourna vers son reflet un long regard effrayé. Elle aperçut une femme de trente-cinq ans, maigre, pâle, hagarde, de bonne race. Ses cheveux avaient été arrangés conformément à la conception de l'infirmière en matière de confort et d'économie de temps, et bien que sa robe soit parfaite dans sa coupe et sa sévérité sur mesure, la dentelle à son cou et dans les manches de sa taille en soie n'était pas tout à fait fraîche. . Ses lèvres se retroussèrent alors qu'elle regardait. C'était elle, Alice Stansbury, l'épave d'une femme qui avait autrefois eu santé, beauté, richesse et position. Les deux derniers étaient dans une certaine mesure laissés à elle, mais quelle différence cela faisait-il de son apparence, se demanda-t-elle durement. Cependant, alors même que l'idée lui venait, elle ôta sa taille et cousit des poignets en dentelle propre sur les manches, remplaçant le col par un nouveau. Puis elle détacha ses cheveux et les arrangea, rapidement mais avec soin. Ce fut une simple affaire de changer ses pantoufles contre des bottes de marche, et de retrouver son chapeau, son manteau et ses gants à leur ancienne place. Miss Manuel, l'infirmière, *était* fiable, se répéta-t-elle en les enfilant, ressentant un instant de gratitude envers la femme pour avoir essayé de la maintenir « éveillée », même pendant ses « absences », à quelque chose qui se rapproche de la norme de naissance d'une gentille femme. et l'élevage était demandé. Son argent, ou du moins une grande partie, car elle ne s'est pas arrêtée pour le compter, elle l'a trouvé dans la boîte d'expédition où elle l'avait déposé à leur arrivée à New York, et la clé était avec d'autres sur une bague dans le tiroir privé de son bureau. Elle choisit précipitamment plusieurs gros billets et les mit dans une bourse en argent, l'enfonçant profondément dans la poche de sa jupe, avec une vague crainte de le perdre. Puis elle replaça la boîte et ferma le bureau, laissant tomber la clé dans sa poche. Ses mouvements étaient extraordinairement rapides et silencieux. Vingt minutes après avoir vu l'infirmière, elle était prête à sortir dans la rue.

Un second coup d'œil dans la pièce intérieure lui montra que Miss Manuel dormait toujours. Elle la regarda un instant avec méfiance et, sur un coup de tête, s'assit à son bureau et écrivit un message sur une feuille du journal de l'hôtel.

"Je sors pour la journée. *Je reviendrai ce soir.* Ne faites rien, ne consultez personne. Je suis tout à fait capable de me débrouiller. Ne faites pas de sensation dans les journaux ! ALICE STANSBURY."

"Cette dernière phrase va la calmer", pensa-t-elle avec une froide satisfaction, tout en épinglant le message sur le côté du miroir. "Elle ne se souciera pas d'annoncer partout qu'elle a temporairement égaré un patient!"

Le plus difficile restait à faire. La porte extérieure de sa propre chambre était verrouillée et la clé manquait. Pour quitter l'appartement, elle doit traverser la pièce où dormait Miss Manuel. Elle retint son souffle, mais traversa en toute sécurité, même si Miss Manuel remua et murmura quelque chose, comme si elle l'avait inconsciemment avertie du danger. Miss Stansbury ferma la porte sans bruit derrière elle et resta silencieuse un moment dans le couloir, jetant un coup d'œil autour d'elle et réfléchissant à la méthode la plus sage pour s'enfuir. Elle savait qu'il valait mieux ne pas entrer dans les ascenseurs de l'hôtel. Même s'il n'y avait aucune certitude qu'elle serait arrêtée si elle le faisait, elle avait suscité beaucoup d'intérêt lorsqu'elle était arrivée à l'hôtel, et il y avait toutes les chances qu'un employé estime qu'il serait judicieux de demander à son infirmière un question ou deux après son départ. Alors Miss Manuel serait sur ses traces et sa journée serait gâchée. Elle se glissa prudemment dans les couloirs arrière, se gardant hors de vue à chaque étage lorsque les ascenseurs passaient et ne rencontrant que des étrangers et un porteur préoccupé. Ses chambres étaient au cinquième étage, mais elle descendit les quatre étages en toute sécurité, et, sortant triomphalement de l'entrée arrière de l'hôtel, se trouva dans la rue tranquille sur laquelle elle donnait. Le grand bâtiment était dans un coin, et comme elle en franchissait le seuil, elle aperçut un tramway qui passait dans l'avenue à sa droite. Sur une impulsion rapide, elle fit signe . Lorsqu'elle s'arrêta, elle entra et s'assit dans un coin, observant ses compagnons de voyage avec une apparente insouciance, même si sa respiration était rapide. Elle était en sécurité ; elle était partie ! Elle décida de continuer jusqu'à ce qu'elle fasse ses plans et sache plus en détail ce qu'il fallait faire de ce don des dieux, un jour qui lui était propre.

Cela faisait longtemps qu'elle n'avait pas été seule, se souvint-elle soudain. Il y avait bien sûr eu des sorties, des courses, etc., mais toujours Miss Manuel ou quelqu'un de son espèce avait été à ses côtés – parfois professionnellement joyeux, parfois professionnellement sérieux, mais toujours professionnellement vigilants. La femme exultait farouchement de sa liberté retrouvée. Elle avait des heures devant elle, des heures libres et glorieuses. Elle les utiliserait, les remplirait, les dilapiderait dans une dépense prodigue, suivant chaque impulsion, assouvi chaque désir, car ils étaient les siens et ils étaient ses derniers. Au fond de son cerveau se trouvait une résolution aussi silencieuse, aussi mortelle qu'un serpent enroulé attendant de frapper. Elle n'entrerait plus dans les asiles, elle ne supporterait plus les « absences », elle n'aurait plus de surveillance, plus de consultations, plus de peur à demi dissimulée des amis, plus de pitié des étrangers. Il y avait un moyen d'échapper à tout cela pour toujours, et elle le savait et l'accepterait, même si cela la conduisait à franchir le sombre seuil au-dessus duquel elle ne pourrait jamais revenir.

La voiture ronronnait à mesure qu'elle avançait. De loin, elle aperçut l'entrée de Central Park et, de l'intérieur, les branches des arbres semblaient lui saluer en l'honneur de sa liberté. Elle fit signe au conducteur et quitta la voiture, revenant sur ses pas jusqu'à entrer dans le parc. Elle se trouvait loin dans le centre-ville, près de l'extrémité nord de celle-ci, et les sentiers, chauds sous le soleil printanier, étaient presque déserts. Pendant un moment, elle se promena paresseusement, ses sens se délectant de la fraîcheur et de la beauté qui l'entouraient, des perspectives vertes qui s'ouvraient à droite et à gauche et de la douce brise qui attiquait son visage. Des enfants, sur des tricycles ou des cerceaux roulants, couraient devant elle ; et un jour, après qu'elle eut marché presque une heure, un petit garçon de quatre ans glissa sa main dans sa main gantée et trotta un moment à côté d'elle, au grand scandale de sa nourrice. Elle lui sourit, ravie du contact de ses petits doigts. Lorsqu'il partit, aussi brusquement qu'il l'avait rejoint, et en réponse à un appel irlandais stentorien venant de l'arrière, elle éprouva un degré de regret assez surprenant. Ce contact momentané lui avait procuré un agréable sentiment de camaraderie ; pour la première fois, il lui vint à l'esprit qu'il valait mieux avoir quelqu'un qui partage ce jour des jours – pas de mercenaire, pas de gardien aux yeux scientifiques, mais un petit enfant ou un ami, quelqu'un , n'importe qui, qu'elle aimait et qui l'aimait bien et qui, comme le petit garçon, ne connaissait pas la vérité à son sujet.

Son moral tomba aussi soudainement qu'il s'était élevé, et elle se sentit fatiguée et déçue. Presque inconsciemment, elle se laissa tomber sur un banc pour se reposer, ses yeux suivant toujours la silhouette de l'enfant, maintenant presque hors de vue au détour d'un virage lointain. Le banc n'était pas sur le chemin, et elle avait été trop préoccupée lorsqu'elle s'était assise pour remarquer qu'il y avait un autre occupant ; mais comme la silhouette de sa petite amie disparaissait et qu'elle détournait les yeux avec un soupir, elle se surprit à regarder ceux d'un homme. Il était très jeune, à peine plus qu'un garçon, et il occupait l'extrémité du siège, un bras passé sur le dossier, les genoux croisés et son corps si tourné qu'il lui faisait face. La chose qu'elle voyait dans ses yeux restait attachée aux siens, d'abord par surprise, puis par compréhension soudaine. C'était la faim. Avec un long regard, elle le contempla : la pâleur pincée de son beau et jeune visage, l'éclat fiévreux de ses yeux gris, la vétusté de ses vêtements bien coupés et bien ajustés, et même la déchirure sur le côté de l'un de ses vêtements. ses chaussures en cuir verni. Son linge était propre et ses poignets étaient fermés par des liens noirs bon marché ; elle pensa instinctivement qu'il avait mis en gage ceux dont ils occupaient visiblement la place, puis son esprit revint aussitôt à sa première découverte, à savoir qu'il avait faim. Il n'y avait aucun doute. Elle n'avait jamais vu la faim sur un visage auparavant, mais elle la reconnaissait maintenant. Il avait ôté son chapeau et l'avait laissé tomber sur le banc à côté de lui. Ses cheveux bruns étaient courts et ondulés, et une mèche sur sa tempe gauche était blanche. Il était en train d'écrire une note, ou peut-être une annonce d'emploi, avec un bout de crayon sur un morceau de papier posé sur son genou, et maintenant il leva soudain les yeux - soit dans une recherche abstraite du mot juste, soit parce que son apparence l'avait surpris.

Sans hésitation, elle lui a parlé.

"Pardonnez-moi", dit-elle impersonnellement. "Puis-je vous poser quelques questions?"

Il la regarda, et la compréhension de sa situation révélée dans son regard lui fit monter le sang au visage. Il se redressa, ses lèvres s'entrouvrirent pour répondre, mais elle ne lui laissa pas le temps de parler.

"Je suis une étrangère ici", a-t-elle poursuivi, "et New York n'est pas toujours gentil avec les étrangers. Vous semblez malheureux aussi. Je me demande si nous ne pouvons pas nous entraider."

Il sourit avec une amertume sans jeunesse .

"J'ai bien peur de ne pas être d'une grande utilité, ni pour moi ni pour quelqu'un d' autre", répondit-il avec une dure délibération. Puis son visage changea tandis qu'il regardait le sien et y lisait, malgré son inexpérience, quelques-uns des écrits tragiques de la main inexorable du Destin. Sa voix montrait son humeur modifiée.

"Bien sûr," ajouta-t-il rapidement, "si je peux vraiment faire quelque chose. Je connais assez bien la ville. Peut-être que je peux t'aider si tu veux aller quelque part. Que voudrais-tu ?"

On pouvait difficilement dire que son visage, sous l'idée soudaine qui lui venait, s'éclaira, mais il changea, devenant moins masque, plus humain. Elle éprouva un frémissement d'intérêt inhabituel, moins pour lui que pour le plan qu'il lui suggérait inconsciemment. Il y avait enfin quelque chose à faire. Voilà une compagne qui ne la connaissait pas. Il l'observait maintenant attentivement, et il lui vint pour la première fois, avec un sentiment de surprise, que cette étrange femme qui lui avait parlé n'était pas vieille, et était même attirante.

"Je pense que vous pouvez m'aider, si vous le voulez", continua-t-elle doucement. " Comme je l'ai dit, je suis un étranger à New York. Je n'en ai jamais rien vu, sauf les rues que j'ai traversées ce matin entre le parc et mon hôtel. Mais j'ai toujours voulu le voir, et aujourd'hui C'est ma première et unique opportunité, car je pars ce soir.

Il l'examina pensivement. L'ombre était revenue sur son visage, et il était évident que sous son air d'intérêt courtois se réveillait le désespoir qu'elle avait surpris lors de son premier regard sur lui.

" Bien sûr , je peux vous dresser une liste de choses à voir, " dit-il lorsqu'elle s'arrêta, " et je le ferai avec plaisir. Je pense que vous feriez mieux de vous rendre aux Metropolitan Art Galleries pendant que vous êtes dans le parc . ... J'écrirai les autres lieux dans leur ordre de rue en direction du centre-ville, comme ça tu ne perdras pas de temps à doubler tes traces. As-tu un peu de papier ?

Tout en parlant, il commença à fouiller dans ses poches, mais vaguement, comme quelqu'un qui sait que la recherche est vaine. Elle secoua la tête.

"Non," lui dit-elle, "et je n'en veux pas. Ce n'est pas du tout mon idée : une liste d'endroits à visiter toute seule et une tournée lugubre de visites maussades. Ce que je voudrais" — elle sourit presque modestement — « est une tournée « menée personnellement ». Êtes-vous très occupé ?

Il rougit à nouveau et la regarda, cette fois avec une suspicion voilée dans le regard. Elle l'accueillit avec une appréciation si calme qu'elle se transforma en un doute surpris. Elle savait parfaitement ce qui se passait dans son esprit, et cela ne lui causait pas plus d'inquiétude que le silence perplexe d'un enfant qui a entendu un mot nouveau. » Elle continua avec autant de complaisance que s'il était le petit garçon qui avait marché à ses côtés quelques instants auparavant.

« A Paris et à Londres, remarqua-t-elle, on peut engager un guide, un gentleman, pour une journée à prix fixe. Il y a probablement de tels guides ici à New York, si je savais où on les trouve et si j'avais le Il est temps de les chercher. Vous êtes beaucoup plus jeune que moi. Vous pourriez presque être mon fils ! De plus, cela ne vous dérangera pas que je vous dise que je pensais que vous étiez au chômage et que vous cherchiez peut-être un emploi. Vous ne pouvez guère vous empêcher de voir le lien certain dans tout cela."

Ses yeux rencontrèrent les siens pendant un moment puis tombèrent. Il rougit d'un air enfantin.

"Je vois que tu essaies de m'aider," murmura-t-il en s'excusant.

Elle continua comme si elle ne l'avait pas entendu.

"Laissez-moi vous employer pour la journée. J'ai besoin d'amusement, d'intérêt, d'occupation - plus que vous ne pouvez l'imaginer. Je suis dans la même humeur, en ce qui concerne la désolation et le découragement, que vous. Je dois être là, voir des gens. et détourner mon esprit. Nous pouvons chacun fournir à l'autre une chose dont nous avons besoin. J'ai de l'argent. Gagner un peu de cela professionnellement, par un service humain, devrait vraiment vous plaire.

Quelque chose dans sa voix alors qu'elle prononçait les derniers mots le fit se tourner à nouveau vers elle. Tandis qu'il le regardait, son jeune visage s'adoucit. Elle attendit en silence ce qu'il dirait.

Il se redressa et redressa les épaules d'un geste rapide.

"Vous avez raison", dit-il, "mais j'ai terriblement peur que vous n'ayez le pire. Je ne suis pas une escorte ornementale pour une dame, comme vous le voyez." Il regarda sa chaussure cassée, puis elle. Son expression montrait une totale indifférence à l'égard du point qu'il avait soulevé.

"Nous considérerons que c'est réglé", a-t-elle déclaré. " Vous prendrez ma bourse et paierez nos dépenses communes. Je pense, " continua-t-elle en la lui tendant, " nous allons omettre le métropolite. Après des kilomètres du Louvre, du Luxembourg et du Vatican, je ne Je ne semble pas avoir envie de parcourir des kilomètres. Supposons que nous prenions un taxi et que nous fassions le tour. Je veux voir les rues, et les foules, et les différents types d'hommes et de femmes, et les bidonvilles. Avant, je m'intéressais au travail de colonisation, il y a longtemps."

"Pardonnez-moi", dit-il. "Vous avez gagné votre cause. Je vous servirai de mon mieux. Mais au préalable, j'insiste pour compter l'argent dans cette bourse et pour que vous veilliez à ce que mes comptes soient en ordre."

"Fais ce que tu veux à ce sujet", répondit-elle avec indifférence, mais son regard se posa sur lui avec une lueur d'approbation.

Il comptait délibérément les factures. "Il y a trois cent quarante dollars", dit-il en les remplaçant.

Elle hocha distraitement la tête. Elle était tombée dans une rêverie momentanée dont il ne la tira que lorsqu'elle regarda soudain sa montre. "Eh bien, il est midi passé !" s'exclama-t-elle, avec plus d'animation qu'elle n'en avait encore montré. "Nous irons déjeuner chez Delmonico ou Sherry et ferons notre programme pendant que nous y serons."

Il sursauta et se pencha en avant, fixant ses yeux sur elle, mais elle ne les rencontra pas. Elle replaça sa montre à sa ceinture par une hypothèse réussie d'abstraction, mais elle était pleine de doutes quant à la manière dont il prendrait cette première proposition. L'instant d'après, le banc trembla sous la force avec laquelle il s'y était retombé.

"Dieu !" s'écria-t-il d'une voix rauque, "c'est tout un travail de me nourrir parce que tu soupçonnes que j'ai faim ! Non, tu ne t'en doutes même pas, tu *sais* que j'ai faim !"

Elle posa sa main sur son bras et ce geste le fit taire.

"Tais-toi", dit-elle. " Supposons que vous ayez faim ? Et alors ? Est-ce une honte d'avoir faim ? Les hommes et les femmes cultivent délibérément cette condition ! Venez, " termina-t-elle en se levant brusquement, " respectez votre marché. Nous avons tous les deux besoin de notre déjeuner. "

Il replaça le sac dans la poche intérieure de son manteau et se leva. Ils marchèrent quelques instants sans un mot. Elle remarqua à quel point il se comportait bien et à quel point sa silhouette était musclée et athlétique, même dans ses vêtements miteux. Tandis qu'ils se dirigeaient vers la sortie la plus proche, elle parla du parc et lui posa quelques questions terre à terre, auxquelles il répondit avec une animation croissante. "Je ne peux pas vous donner de chiffres et de statistiques, j'en ai bien peur", a-t-il ajouté en souriant.

Elle secoua la tête. "Ce serait triste si vous le pouviez", dit-elle. "Donnez-moi tout sauf des renseignements. Quant aux statistiques, j'en ai un dégoût constitutionnel. Où peut-on trouver un taxi ?"

"Nous ne trouverons pas de taxi", expliqua-t-il avec une indépendance autoritaire qui la plaisait en quelque sorte. "Nous prendrons ce tramway et nous amènerons à quelques pas de chez Delmonico. Après le déjeuner, nous trouverons des taxis à chaque tournant."

Il l'a aidée à monter dans une voiture pendant qu'il parlait et a payé leur billet avec son sac à main, rougissant car il devait changer un billet de cinq dollars pour ce faire. Ce simple acte soulignait pour lui, comme aucun mot n'aurait pu le faire, sa relation particulière avec cette étrange femme, qu'il n'avait jamais vue il y a une demi-heure. Équilibrant le sac à main dans sa main, il lui jeta un coup d'œil, remarquant presque inconsciemment l' affaissement tragique de ses lèvres, les mèches prématurément grises dans ses cheveux noirs et la tristesse immuable de ses yeux bruns.

"Comment sais-tu que je ne déposerai pas la voiture à un coin de rue et ne m'enfuirai pas avec ça ?" demanda-t-il à voix basse.

Elle le regarda calmement.

"Je pense que je sais que tu ne le feras pas. Mais si tu le faisais, cela me ferait mal."

"Est-ce que ça gâcherait ta journée ?"

"Oui", concéda-t-elle, "cela gâcherait ma journée."

"Eh bien," annonça-t-il judicieusement, "vous n'aurez pas à me reprocher quoi que ce soit de ce genre. Votre journée sera une réussite si j'y parviens."

Son attitude était plus que douce. Son humeur était celle de la gratitude et de l'attente agréable. Il commençait à la connaître et il était désolé pour elle — peut-être parce qu'elle lui faisait confiance et qu'elle était désolée pour lui. Elle n'était pas la compagne qu'il aurait choisie pour une sortie d'une journée, et il était douteux qu'elle soit trop joyeuse ; mais il la servirait loyalement, partout où cette étrange aventure le mènerait, et il était assez jeune pour en apprécier les possibilités. Intérieurement, elle était amusée par sa petite affectation d'expérience, d'âge mûr s'adressant à la jeunesse, mais c'était si inconsciemment fait, si invinciblement jeune, que cela ajoutait à l'intérêt qu'il avait éveillé en elle. Elle aimait aussi sa fraîcheur et sa beauté enfantine, ainsi que son habitude d'affirmer avant tout son sens de l'honneur. Par-dessus tout, elle aimait son ignorance à son égard. Pour lui, elle n'était qu'une femme comme les autres femmes ; il y avait pour elle une satisfaction dans cette pensée aussi profonde qu'indescriptible. Les seuls autres occupants de la voiture étaient un messager, perdu dans son environnement dans un roman couvert de papier, et un voyageur de commerce dont le front était ridé par la tension mentale sur un cahier.

"Il y a certaines choses que j'aimerais faire à New York", a-t-elle confié. "Nous allons les faire maintenant : déjeuner chez Delmonico, faire du tourisme tout l'après-midi, dîner chez Sherry et aller au théâtre ce soir. Quelle est la meilleure pièce de théâtre de la ville ?"

"Eh bien… euh… ça, vous savez, cela dépend de ce que vous aimez", hasarda sagement le garçon. « Préférez-vous la comédie, la tragédie ou le mélodrame ?

Elle réfléchit.

"Quelque chose de léger", décida-t-elle ; "quelque chose d'aéré et d'effervescent, sans problèmes ni même pensées."

Ses yeux pétillèrent alors qu'il lui souriait. Si tels étaient ses goûts, elle s'en sortait bien, pensa-t-il, et la vue de la longue journée devant lui offrait des attraits.

"'Peter Pan'!" il s'est excalmé. "C'est tout ça. Je ne l'ai pas vu, mais j'ai lu les critiques et je connais un type qui y est allé cinq fois."

"Un témoignage suffisant", acquiesça son compagnon. "Nous irons à 'Peter Pan'. Maintenant, dis-moi quelque chose sur toi. »

"Est-ce que c'est dans la caution ?"

"Non. Ce serait un cadeau."

« Je… je préférerais ne pas le faire, si cela ne vous dérange pas.

Il se laissait aller à son inévitable rougissement douloureux tout en parlant, mais elle le regardait sans pitié et avec une soudaine hauteur qui lui laissait entrevoir une autre face de sa nature complexe. Cette femme qui récupérait des jeunes étranges dans la rue et passait la journée avec eux était visiblement habituée à une déférence inconditionnelle de la part des autres. Il s'éloigna d'elle, ferme mais mécontent.

"Tu as raison", dit-elle enfin. "Nous ajouterons une clause à notre pacte et jouerons comme si nous étions des esprits désincarnés. Aucun de nous ne posera de question personnelle à l'autre."

"D'accord, et merci. Ce n'est pas que je ne serais pas flatté, tu sais, de ton intérêt, et tout ça", poursuivit-il maladroitement. "C'est uniquement parce que c'est un récit tellement déchirant et qu'il me montre sous un jour si—tellement inefficace. Cela vous déprimerait, et cela ne pourrait me servir à rien. Les choses qui me concernent sont ce dont je veux m'éloigner—pendant un certain temps."

Ils furent bientôt chez Delmonico, et elle le suivit dans la salle à manger principale, où elle choisit une table près d'une fenêtre donnant sur l'avenue. Le maître d'hôtel lui jeta un coup d'œil, hésita, l'examina et montra qu'il était effectivement un bon serviteur qui connaissait les siens. Il les survola avec un intérêt croissant alors qu'ils parcouraient le menu.

Le garçon sourit à son compagnon, essayant de ne pas remarquer l'odeur de la nourriture autour d'eux, ni l'horrible sensation de naufrage qui l'envahissait par intervalles. Une peur nauséabonde l'envahit : il s'évanouirait avant le déjeuner – s'évanouir sur les mains d'une dame, et de faim en plus ! Il se lança dans la conversation avec une vivacité téméraire.

Lorsque le serveur arriva avec les huîtres, elle donna l'exemple de les manger immédiatement. Son compagnon le suivit tranquillement. Elle se disait que c'était un pur-sang, et qu'elle ne s'était pas trompée sur lui, mais elle aurait presque préféré le voir manger comme un loup. Sa retenue l'énervait. Elle ne pouvait pas manger, même si elle faisait semblant . Lorsqu'il eut mangé sa soupe avec la même délibération, un peu de rougeur lui vint au visage. Elle a observé cela et sa tension s'est relâchée.

"La dernière fois que je suis venu ici", dit-il distraitement, "c'était il y a deux ans. Un des gars de New Haven avait un anniversaire et nous l'avons célébré dans la pièce d'angle juste au-dessus. C'était un dîner assez animé. Nous avons veillé de sept heures à deux heures du matin, puis nous sommes tous sortis sur l'avenue et nous nous sommes assis au milieu de la rue, là où il faisait frais, pour fumer et discuter. C'était l'idée de Davidson. " Cela a horriblement ennuyé les chauffeurs de taxi et les policiers. Ils ont un caractère si prompt et un esprit si engourdi. "

Le récit et le tableau qu'il évoquait l'amusaient.

"Qu'a tu fais d'autre?" » demanda-t-elle avec intérêt.

"J'ai bien peur de ne pas m'en souvenir", a-t-il avoué. "Je sais que nous avons été plutôt idiots, mais je me souviens à quel point le maître d'hôtel avait l'air idiot lorsque Davidson a insisté pour lui dire au revoir dans le couloir et a pleuré parce qu'il ne savait pas quand il le reverrait . Bien sûr, vous ne pouvez pas voir à quel point c'était drôle, parce que vous ne connaissez pas Davidson. Il était le type le plus digne de l'université et détestait le jaillissement plus que quiconque que j'ai jamais connu.

Il but le reste de son café noir avec un soupir de contentement et souffla une dernière sonnerie du cigare qu'elle avait insisté pour qu'il fume.

" Ne pensez-vous pas, " hasarda-t-il, " qu'il serait agréable de parcourir Broadway et la Cinquième Avenue pendant une heure ou deux ? Si vous voulez des foules, elles sont là ; et si vous voyez quelque chose qui mérite une inspection plus approfondie , nous pouvons sortir et le regarder."

Elle a accepté et il a payé l'addition, en donnant un pourboire discriminatoire au serveur.

Tandis que leur fiacre se frayait un chemin à travers la rue bondée, elle souriait rarement, mais ses yeux sombres captaient tout, et elle « disait des choses », comme le disait le garçon, dont il se souvenait et citait des années plus tard. D'ailleurs, elle parlait d'elle, mais toujours sans lui dire qui elle était et d'où elle venait. Plusieurs fois, lorsqu'un visage de la foule qui passait retenait son intérêt, elle lui exposa en quelques mots lapidaires le caractère de celui qui le possédait. Il était intéressé, mais il a dû inconsciemment suggérer une certaine incrédulité dans son intuition, pour une fois, elle s'arrêta de parler et le regarda fixement.

"Vous pensez que je ne sais pas", dit-elle, "mais je le sais. Nous le savons toujours, jusqu'à ce que nous tuions le don avec des conventions. Nous sommes nés avec une connaissance intuitive du caractère. Les sauvages l'ont, les animaux et les bébés. " Nous le perdons à mesure que nous avançons dans la civilisation, car alors nous nous méfions de nos impressions et forçons nos goûts et nos aversions à suivre les préceptes de la politique. J'ai travaillé dur pour conserver et développer ma perspicacité, et voici ma récompense ! Je vous ai reconnu à le premier regard comme le compagnon idéal d'une journée."

Le visage du garçon flamboyait de plaisir.

"Alors c'est un succès ?"

"C'est un succès. Mais il est aussi cinq heures. Et ensuite ?"

"Alors ça a été un succès ?" répéta-t-il d'un air rêveur - "jusqu'à présent, je veux dire. Nous avons fait si peu de choses dans un sens, mais je suis terriblement heureux que vous ayez aimé. Nous allons maintenant passer chez Sherry pour une tasse de thé et un anglais beurré." Muffin, les belles dames et le groupe hongrois. Alors, au lieu de dîner là-bas, supposons que nous allions dans un endroit plus gay et plus typique de New York, un des grands restaurants de Broadway ? Cela vous montrerait une autre « phase », comme vous dites ; et la cuisine est presque aussi bonne."

Elle accepta immédiatement. "Je pense que j'aimerais ça", a-t-elle dit. "Je veux autant de variété que possible."

Il se pencha vers elle d'une manière impressionnante par-dessus la petite table du salon de thé, se rappelant son hommage inattendu au « compagnon parfait », et se sentant tout à coup étonnamment bien la connaître.

"Quel dommage que tu doives partir ce soir !" murmura-t-il naïvement. "Il reste tellement de choses à faire."

L'espace d'un instant, alors que la mémoire lui revenait, son cœur s'arrêta de battre. Il observa son changement d'expression et la regarda avec une question sympathique dans ses yeux gris.

"Tu ne peux pas changer tes plans ?" » suggéra-t-il, avec un peu de chance. "Tu dois y aller ?"

"Non, ce ne sont pas des projets de ce genre. Je dois y aller."

Tandis qu'elle parlait, son visage avait l'incolore et l' immobilité qu'il y avait vu dans les premiers instants où il était tourné vers lui le matin, et ses traits paraissaient soudain vieux et tirés. Sous la révélation d'un trouble plus grand qu'il ne pouvait comprendre, le garçon baissa les yeux.

"Par jupiter!" pensa-t-il soudain, "elle a quelque chose qui ne va pas avec elle." Il se demanda ce que c'était et l'idée lui vint qu'il s'agissait peut-être d'une maladie incurable. L'année précédente seulement, il avait entendu un ami recevoir son arrêt de mort dans un cabinet spécialisé, et le souvenir de cette expérience lui restait. Il était si plongé dans ces réflexions, qu'un instant il oublia de parler, et elle, à son tour, resta silencieuse.

"Je suis désolé", dit-il alors maladroitement. Puis, devinant avec raison le moyen le plus rapide de détourner ses pensées, il suggéra qu'ils repartent en voiture avant le dîner, pendant une heure ou deux, pour profiter de l'effet du crépuscule et des premières lumières de Broadway.

Elle accepta immédiatement, comme elle avait accepté la plupart de ses suggestions, et son visage lorsqu'elle le regardait était à nouveau serein, mais il n'était pas entièrement rassuré. En silence, il la suivit jusqu'au taxi.

Au cours de leur dîner ce soir-là dans le restaurant scintillant de Broadway, avec la musique entraînante des valses françaises et allemandes dans les oreilles, elle se détendit à nouveau de l'attitude impersonnelle qu'elle avait observée pendant la majeure partie de la journée. Elle le regardait plutôt comme si elle le voyait, se dit-il, mais il ne pouvait pas se flatter que le changement soit dû à un intérêt accru pour lui. C'était simplement qu'elle le connaissait mieux et que leurs longues heures de visites avaient vérifié son jugement à son sujet.

Leur discours a balayé le monde. Il réalisa qu'elle avait beaucoup vécu à l'étranger et qu'elle avait connu beaucoup d'hommes et de femmes intéressants. Grâce à des remarques désinvoltes, il apprit qu'elle était orpheline, célibataire, sans liens étroits et que sa maison n'était pas près de New York. Lorsque le lendemain, après une lecture hébétée des journaux du matin, il résumait ce qu'il savait d'elle, c'était tout ce dont il se souvenait, le bois flotté ramassé d'une conversation qui avait duré plus de douze heures.

"Vous avez l'air", dit-il un jour en lui jetant un regard critique, "comme si vous aviez vécu des siècles et appris toutes les leçons que la vie pouvait enseigner."

Elle secoua la tête. "En ce qui me concerne, j'ai vécu des siècles", a-t-elle déclaré, "mais de toutes les leçons que j'ai réellement apprises, je n'en ai appris qu'une seule".

"Et c'est?"

"Comme tout cela ne compte pas."

De nouveau, alors qu'il l'étudiait, il éprouva un petit tremblement désagréable. Il éprouvait en même temps une étrange conviction que cette femme avait joué un rôle toute la journée, et que maintenant, à cause de la fatigue et de la dépression, elle se lassait de son rôle et allait le laisser tomber, se montrant à lui telle qu'elle était. Pour une raison quelconque, il ne voulait pas de ça. Le visage derrière le masque, qu'il commençait à apercevoir par intervalles, était un visage qu'il craignait de ne pas aimer. Il s'en éloigne comme un enfant s'éloigne de ce qu'il ne comprend pas.

À son grand soulagement, elle se débarrassa de l'humeur sombre qui semblait la menacer et, à la pièce, elle se révéla plus humaine qu'elle ne l'avait été jusqu'à présent.

"Ah, ce premier acte", dit-elle alors que le rideau tombait sur la fuite de Peter Pan à travers la fenêtre avec les Darling Children, "ce délicieux premier acte ! Bien sûr, Barrie ne peut pas continuer comme ça - personne ne le pouvait. Mais l'humour " _

"Et c'est toi ?" » demanda-t-il avec audace. Il savait qu'elle ne l'était pas.

"Seulement pour cette demi-heure", sourit-elle. "Je peux devenir critique à tout moment et être complètement déconnecté."

Cependant, elle ne le fit pas et, voyant son appréciation indulgente envers les petits garçons du Pays Imaginaire , il pensa inconsciemment qu'après tout, ce devait être la vraie femme. Cette autre personnalité, dont il éprouvait parfois un côté soudain et décourageant, n'était pas sa nouvelle amie qui riait comme une jeune fille devant le crocodile avec l'horloge à l'intérieur et montrait une soudaine humidité dans ses yeux bruns lorsque l'actrice suppliait pour la fée mourante. Lorsque le rideau tomba sur le dernier acte, laissant Peter Pan seul avec ses amies fées scintillantes dans sa petite maison au milieu des arbres, Alice Stansbury se tourna vers son compagnon avec le changement soudain d'expression qu'il avait appris à redouter. Les pupilles de ses yeux étaient étrangement dilatées et elle souffrait visiblement d'une excitation réprimée. Elle lui parla sèchement et froidement.

"Nous aurons un lapin gallois quelque part", dit-elle, "et ensuite j'y retournerai." Il fut frappé par cette utilisation du mot et par le ton de sa voix lorsqu'elle le prononça. "Retournons", répéta-t-il mentalement, "retournons à quelque chose de très désagréable, je parie."

Au restaurant, elle ne mangeait rien et parlait peu. Tout l'éclat et l'éclat avaient disparu de la journée et de leur compagnie également. Même la musique était triste, comme par sympathie tacite, et les visages des convives autour d'eux semblaient fatigués et vieux. En quittant la salle à manger, ils restèrent un instant ensemble dans le vestibule donnant sur la rue. Personne n'était près d'eux, et ils étaient pour le moment hors de portée des regards curieux. Elle jeta un rapide coup d'œil autour d'elle pour s'en assurer, puis, s'approchant de lui, elle posa ses deux mains sur ses épaules. Alors qu'elle se tenait ainsi, il réalisa pour la première fois à quel point elle était grande. Ses yeux étaient presque au même niveau que les siens.

"Tu es un cher garçon", dit-elle rapidement et un peu à bout de souffle. "Vous avez rendu cette journée parfaite et je vous remercie. Nous ne nous reverrons plus, mais j'aimerais sentir que vous ne m'oublierez pas et je veux que vous me disiez votre prénom."

Il posa ses mains sur les siennes.

"C'est Philippe," dit-il simplement, "et quant à l'oubli, vous pouvez être sûr que je ne le ferai pas. Ce n'est pas le genre de chose qu'on oublie, et vous n'êtes pas le genre de femme."

Pendant qu'il parlait, la prise de ses mains sur ses épaules se resserra, et elle se pencha en avant et l'embrassa sur la bouche. Sous la soudaineté et la surprise de cette situation, ses sens tourbillonnaient, mais même dans le chaos du moment, il était conscient de deux impressions contradictoires : la première, une étrange déception envers elle, son amie ; le second, un ressentiment absurde contre l'éloignement singulier de ces lèvres fraîches et douces qui effleurèrent un instant les siennes. Elle ne lui a laissé aucune chance de parler.

"J'ai laissé mes gants sur la table", dit-elle sèchement. "Attrape les."

Il est parti sans un mot. Quand il revint, le vestibule était désert. Avec une intuition rapide de la vérité , il ouvrit la porte et se précipita dans la rue. Elle n'était pas là, ni le cocher qu'il avait chargé de les attendre. Elle s'était éclipsée, comme elle avait l'intention de le faire, et le baiser qu'elle lui avait donné avait été un adieu. Il resta debout, regardant bêtement la rue, avec ses gants à la main et son sac, comme il s'en souvenait maintenant, dans sa poche. Eh bien, il pourrait en faire la publicité le lendemain matin, de telle manière qu'elle puisse le récupérer sans le revoir si elle le souhaitait. Il pourrait même le sceller dans une enveloppe et le laisser au bureau *du Herald*, pour le remettre à quiconque voudrait le décrire. Il descendit lentement Broadway et tourna dans la rue latérale qui abritait la maison et la chambre peu attrayante du hall qu'il appelait sa maison. Il se sentait « déçu », comme il aurait dit, et horriblement seul et déprimé. Elle était si gentille, pensa-t-il, et c'était vraiment dommage qu'elle ne le laisse pas la revoir. D'une manière ou d'une autre, il savait qu'il ne le ferait jamais. Ce n'était pas une femme qui changeait d'avis sur les choses. Jupiter! mais toute l'expérience avait été intéressante ; et ce baiser – ce baiser qu'il avait été assez fou pour se méprendre un instant. … La rougeur la plus profonde de la journée lui brûla le visage alors qu'il s'en souvenait.

Miss Stansbury est arrivée à l'entrée principale de son hôtel au même moment et a demandé laconiquement au chauffeur de récupérer son billet au comptoir. Elle entra avec lui dans le hall et passa indifféremment devant le veilleur de nuit, répondant d'un signe de tête à la question tacite de ce jeune homme dont les regards allaient d'elle au cocher. Elle n'était pas inconsciente de l'excitation contenue dans ses manières ni du soulagement du garçon d'ascenseur alors qu'il saluait joyeusement son apparition dans sa voiture. Qu'importe ? Qu'importe maintenant ? Sa journée était finie.

Miss Manuel, déjà informée de son arrivée par un message téléphonique précipité du bureau, l'attendait à la porte de leur appartement. Elle fondit en larmes en passant ses bras autour de sa patiente, en l'embrassant et en la conduisant à l'intérieur.

"Oh, ma chérie, comment as -tu *pu le faire* ?" s'écria-t-elle avec reproche. "Pensez aux angoisses que j'ai endurées. Il est presque midi."

L'autre femme ne la regarda pas et ne rendit pas la caresse. Elle entra dans la chambre et s'assit à son bureau, avec une étrange apparence de hâte, ce qui émerveilla l'infirmière . Sans attendre d'ôter son chapeau ou son manteau, elle saisit un stylo et du papier et écrivit ces lignes en les marquant clairement :

PERSONNEL

POUR INSERTION DANS LE "HERALD" DE DEMAIN

PHILIPPE.— *La bourse vous a été laissée exprès. Son contenu vous appartient.*

Elle a mis cela dans une enveloppe et l'a adressé au service de publicité *du Herald* . Puis, pour la première fois, elle parla à l'infirmière, gardant distraitement l'enveloppe dans sa main tout en parlant, et sans regarder le visage de l'autre. Son ton était égal et monotone, presque comme si elle répétait une leçon.

"Vous n'aviez pas besoin de vous inquiéter", dit-elle, répondant enfin aux premiers mots de l'infirmière. "J'ai eu ce que je voulais depuis des années, une journée entière pour moi. J'ai fait ce que je voulais faire. Cela en valait la peine . Mais," ajouta-t-elle plus lentement, "tu n'as pas besoin de me demander." à ce sujet, car je ne vous dirai rien. Appelez un messager, s'il vous plaît. Je veux que cela soit apporté immédiatement au bureau *du Herald ; donnez-lui l'argent pour le payer.*

En silence, Miss Manuel obéit. Quand le garçon arriva, elle entra dans le couloir pour lui remettre l'enveloppe, tout en jetant un coup d'œil à l'adresse. A l'instant où elle franchit le seuil, Alice Stansbury se glissa dans la pièce voisine et ouvrit une fenêtre donnant sur une cour. Ce faisant, elle gémit comme une enfant effrayée.

"Je dois le faire", murmura-t-elle. « Je dois… je dois… maintenant…
maintenant… maintenant ! Si j'attends, je n'oserai pas.

Lorsque l'infirmière entra dans la chambre, il n'y avait que la fenêtre ouverte
pour lui dire ce qui s'était passé. Haletante, elle se pencha et baissa les yeux
avec des yeux écarquillés. Loin en dessous, sur le sol asphalté de la cour, se
trouvait une masse sombre qui bougeait une fois puis restait immobile.

La petite horloge posée sur la table dans la pièce intérieure sonna midi. Dans
le couloir, le messager siffla doucement en attendant l'ascenseur. En
entendant ces bruits familiers, l'infirmière se débarrassa de la paralysie qui
l'avait retenue, et le couloir silencieux du grand hôtel résonna de son inutile
appel au secours.

IV

LA VIE SIMPLE DE GENEVIEVE MAUD

Geneviève Maud était allongée dans un lit de géraniums dans une attitude d'une aisance non étudiée. Sur son gros corps se trouvait une robe blanche, autour de sa taille se trouvait une large ceinture bleue, perché sur un côté de sa tête se trouvait un nœud bleu affiché, et dans son cœur il y avait de l'amertume. C'était vaguement réconfortant de s'allonger dans tous ces atours, mais cela n'aidait pas vraiment beaucoup. Elle méditait sombrement sur ses torts. Ils étaient nombreux, et son petit visage de chérubin devenait encore plus sombre à mesure qu'elle les résumait. D'abord, on lui avait demandé d'être bonne, suggestion toujours mal accueillie par l'âme hautaine de Geneviève Maud, et doublement ce matin lorsqu'elle ne voyait d'autre alternative que d'y obéir. Deuxièmement, il n'y avait personne avec qui jouer – une situation déprimante pour tout être de compagnie, et terriblement pénible pour celui qui considérait tous les hommes comme ses pairs, toutes les femmes comme ses esclaves inconditionnels, et tous les animaux comme des serviteurs reconnaissants pour ses besoins dans les domaines de plaisir les plus modestes.

Ces illusions, il faut l'admettre, avaient été entretenues au cours des quatre années courtes mais mouvementées de la vie de Geneviève Maud. Sa méthode d'approche avait été singulièrement convaincante ; vieux et jeunes ne s'arrêtaient pas pour discuter, mais se dépouillaient librement des ornements qui lui plaisaient, et les animaux, depuis le chaton qu'elle portait par une oreille jusqu'au grand Saint-Bernard qu'elle étranglait à moitié dans des moments récurrents d'affection, la portaient avec adoration, et suivit humblement la trace de gâteaux qu'elle laissait derrière elle lorsqu'elle en avait assez et partit au trot à la recherche de nouvelles attractions. Ceux-ci étaient généralement nombreux ; et s'ils avaient été plus rares, l'ingéniosité de Geneviève Maud eût été à la hauteur de l'épreuve. Il n'y avait aucune distinction sociale dans son monde individuel. Mais il y a à peine un an, elle avait suivi un homme-orgue et un singe jusqu'à un point sûr, éloigné de parents et de domestiques trop observateurs ; là, à côté du singe bavard, elle avait chanté et dansé, gagné des sous et secoué un tambourin, et se conduisait généralement comme une ménade *débutante* .

Cela avait été une journée glorieuse. Elle s'en souvenait maintenant avec un sentiment de colère et de ressentiment. Le présent tragique était en effet différent. Personne avec qui jouer, c'était déjà assez pénible. Mais les conditions étaient encore pires. Elle n'avait même pas le droit de jouer seule ! Rover avait été bannie chez un voisin, le chaton avait été généreusement prêté aux enfants Joyce, ses camarades de jeu humains avaient été avertis de quitter les lieux et Geneviève Maud avait été invitée à être une chère petite fille et à rester très, très silencieuse parce que maman était malade. Comme si cela ne suffisait pas, le destin a enfoncé son couteau implacable et lui a donné une dernière tournure. Au fond, dans un coin du jardin où elle gisait, presque cachée par les branches tombantes d'un vieux saule, étaient assises ses deux sœurs, Helen Adeline et Grace Margaret, des êtres hautement supérieurs et d'une dignité majestueuse, même au-delà de leurs âges mûrs de onze et neuf ans. années. Ils étaient trop vieux pour jouer avec des petites filles, comme ils l'avaient souvent dit à Geneviève Maud, mais ils n'étaient pas tout à fait hors de portée de son charme, et il y avait eu des occasions où ils s'étaient jusqu'à s'oublier jusqu'à descendre à son niveau et profitez des goûters de poupées et des plaisirs infantiles similaires. Mais aujourd'hui, ils étaient très éloignés. Leurs dos potelés lui étaient tournés, leurs têtes étaient rapprochées, et la douce brise de l'après-midi qui flottait sur le jardin portait des murmures sifflants. Ils se racontaient des secrets, des secrets dont Geneviève Maud, en raison de son jeune âge, était irrévocablement exclue.

Geneviève Maud se redressa brusquement dans le parterre, tandis que toute l'horreur de cette vérité éclatait sur elle, puis elle entra vivement en action destinée à transformer la paix et la tranquillité de la scène. Son petit et gros visage devenait violet, ses grands yeux bruns fermés, sa bouche ronde ouverte, et de la petite ouverture sortait une succession de cris qui auraient endormi une sirène dans un silence confus. L'effet de cette démonstration, rarement longtemps retardée, était désormais instantané. Une infirmière à casquette blanche s'est approchée d'une fenêtre à l'étage et a secoué la tête en signe d'avertissement ; les deux petites sœurs se levèrent et coururent à travers la pelouse ; une voisine s'approcha de la haie et frappa doucement dans ses mains en gloussant des monosyllabes mystiques censées être apaisantes ; Les enfants du voisinage, à portée de voix, prirent des expressions de demi-vacances et se précipitèrent aux côtés de celui qui était manifestement affligé. En observant tout cela les yeux mi-fermés et en entendant le pas régulier des corps de secours qui arrivaient, une expression de contentement triomphant se posa un instant sur le visage de Geneviève Maud. Puis elle le renoua en nœuds encore plus défigurants, prit une autre longue inspiration et fit apparemment un effort sérieux pour attirer l'attention des citoyens de la commune voisine. "Je suis fatigué!" tel était le message que Geneviève Maud envoyait à un monde sympathique sur les ailes de ce rugissement mégaphonique.

L'infirmière de formation, qui s'était précipitée en bas et dans le jardin, s'approchait maintenant d'elle et réprimait radicalement l' histrionisme de Geneviève Maud en étendant une paume spacieuse sur la large petite bouche.

De son autre main, elle hissa Geneviève Maud du parterre de fleurs et l'escorta jusqu'au terrain neutre de la pelouse.

« Fatigué ! » » répéta l'infirmière en colère, alors que le tumulte se calmait en gargouillis. « Ciel ! Je devrais penser que tu le serais, après ça ! » Helen Adeline et Grace Margaret arrivèrent simultanément, et l'aînée prit la situation et l'enfant en main avec sa meilleure imitation des manières de sa mère.

"Je suis vraiment désolée que vous ayez été dérangée, Miss Wynne," dit-elle, "et pauvre maman aussi. Nous prendrons soin de Geneviève Maud, et elle ne pleurera plus. Nous faisions juste quelques projets pour son avenir, " termina-t-elle avec hauteur.

La bouche de Geneviève Maud, tendue pour un nouveau cri, fut arrêtée dans sa distension. Ses petites oreilles étaient grandes ouvertes. Était-elle, après tout, dans le secret ? Il semblerait que oui, car la nourrice, apparemment satisfaite, laissa les trois enfants seuls et retourna vers son patient, tandis qu'Hélène Adeline conduisait aussitôt sa petite sœur vers la retraite de choix sous le saule.

« Nous allons vous parler, Geneviève Maud, commença- t-elle, très sérieusement, et nous voulons que vous fassiez attention et que vous essayiez de comprendre. Tout cela était facile. Maman ouvrait habituellement ses adresses impressionnantes de cette façon.

"'Faites attention et essayez de comprendre", répéta Geneviève Maud en souriant avec un intérêt joyeux.

"Oui, essayez vraiment", répéta Hélène Adeline avec fermeté. Puis, avec un peu d'impatience, et comme quelqu'un qui supportait les limites douloureuses des jeunes, elle reprit :

" Tu es si petite, Maudie, tu vois, tu ne sais pas ; et tu ne le sauras pas même si on te le dit. Mais tu es une enfant gâtée ; tout le monde le dit, et maman a dit l'autre jour que quelque chose Cela devrait être fait. Elle est malade, donc elle ne peut pas le faire, mais nous pouvons le faire. Nous devons prendre soin de vous de toute façon, donc c'est le bon moment. Maintenant, ce que c'est vraiment, c'est une sorte de jeu. Gracie et moi allons y jouer, et vous allez… eh bien, vous allez être le jeu. »

Geneviève Maud hocha la tête solennellement, très satisfaite. De toute façon, elle était dedans. Qu'importaient les petits détails ? "'Ça va être le jeu'", répéta-t-elle, comme c'était son habitude invariable, avec l'air d'exprimer une pensée originale.

Helen Adeline a poursuivi de manière impressionnante.

"Cela s'appelle la vie simple", dit-elle, "et les adultes y jouent maintenant. J'ai entendu le ministre et sa maman en parler la semaine dernière pendant des heures et des heures. Ils abandonnent les pompes et" vanités , dit le ministre, et "ils ne doivent pas avoir de luxe, et" ils doivent "vivre comme la nature et" sauver leur âme. Ils ne peuvent pas sauver leur âme quand ils ont des pompes et des " vanités ". Je l'essaierais avec toi d'abord, et ensuite si nous l'aimons... euh... si c'est sympa, je veux dire, peut-être Grace et moi aussi. Mais maman est malade, et tu en as trop bu. les choses sont « trop » tendues , c'est donc le bon moment pour vous de mener une vie simple et de vous passer des choses.

Geneviève Maud, regardant le visage de sa sœur avec de grands yeux intéressés, était vaguement, inconsciemment consciente que le nouveau jeu pourrait mettre fin à ce côté du contenu parfait ; mais elle était d'un caractère expérimental et s'abstenait d'exprimer le moindre scepticisme jusqu'à ce qu'elle sache ce qui allait arriver. Pendant ce temps, les yeux de sa sœur Grace Margaret parcouraient avec désapprobation la robe blanche de Geneviève Maud, la ceinture bleue qui ceignait sa taille, le nœud rampant sur ses cheveux. Katie avait enfilé toutes ces choses consciencieusement, puis avait joyeusement libéré son esprit du fardeau de la pensée de l'enfant pour le reste de l'après-midi.

"Ne pensez-vous pas," demanda timidement Grace Margaret à Helen Adeline, "les écharpes et les nœuds sont des pompes ?"

Helen Adeline lança à l'orateur un regard fixe et inexpressif. Elle a acquiescé.

"Enlevons-les " , poursuivit l'esprit plus jeune et plus pratique. "Alors nous n'aurons plus jamais besoin de les attacher pour elle non plus, quand ils se détacheront."

Ils dépouillent Geneviève Maud, d'abord de la ceinture et des nœuds, puis de la robe blanche, puis de ses doux sous-vêtements, enfin, à mesure que le zèle grandissait, même de ses chaussures et de ses bas. Elle se tenait devant eux, vêtue d'innocence et pleine d'attente joyeuse.

"Tous ces beaux vêtements ne sont que pompes et vanités ", remarqua fermement Hélène Adeline. "Le pasteur l'a dit quand il parlait avec maman de la vie simple, et 'Gracie et moi avons écouté. C'était très intéressant '."

Elle contemplait la nudité innocente de sa petite sœur, « nue mais pas honteuse », d'un regard spéculatif.

"Katie sera contente, n'est-ce pas ?" réfléchit-elle à haute voix. " Elle dit qu'il y a trop de lessive. Maintenant, elle n'aura plus à en faire pour toi. Ne te sens-tu pas mieux et plus heureux sans ces pompes ? " elle a demandé à Geneviève Maud.

Cette jeune personne se roulait déjà sur l'herbe, enfonçant ses petits orteils dans la fraîcheur de la terre, exultant de sa nouvelle émancipation vestimentaire. Si c'était le « nouveau jeu », le nouveau jeu était gagnant. Grace Margaret, qui la regardait d'un air dubitatif, était vaguement consciente d'un effet d'incomplétude.

"Je pense qu'elle devrait avoir un chapeau", murmura-t-elle enfin. Hélène Adeline acquiesça avec bonhomie.

"Très bien," répondit-elle gaiement, "mais pas pompeusement . La grosse paille de papa fera l'affaire." Ils l'ont trouvé et l'ont mis sur le nourrisson, dont les yeux et le visage étaient ainsi heureusement protégés de l'éblouissement brûlant du soleil d'août. Presque avant qu'elle ne soit sur sa tête, elle s'était éclipsée et courait dans et hors des buissons, son corps blanc brillait parmi les feuilles.

"Nous prendrons notre déjeuner ici", annonça fermement Helen Adeline, "et je le sortirai pour éviter des ennuis à Katie. Maudie ne peut pas avoir de nourriture riche, bien sûr, parce qu'elle vit une vie simple. Nous lui donnerons du pain dans une assiette en fer blanc.

Grace Margaret parut surprise.

"Nous n'avons pas de fer blanc", objecta-t-elle.

"Rover l'a fait."

Les yeux de Grace Margaret baissèrent soudainement, puis se relevèrent et rencontrèrent ceux de sa sœur. Une admiration involontaire s'est glissée en eux.

"Comment Maudie va-t-elle apprendre les bonnes manières à table ?" » protesta-t-elle faiblement.
"Maman dit qu'elle doit le faire, tu sais."

"Les gens n'ont pas de bonnes manières à table quand ils mènent une vie simple", annonça Helen Adeline avec hauteur. "Ils mangent juste. Je suppose que nous ne lui donnerons pas non plus de couteaux, de fourchettes et de cuillères."

Grace Margaret a lutté contre la tentation et a succombé faiblement.

"Mais donnons-lui un peu de riz au lait", suggéra-t-elle. "Ce sera tellement amusant de la voir le manger, surtout si c'est très crémeux !"

Les trois enfants ont ensuite refusé de donner plus de détails sur ce déjeuner. Pour Geneviève Maud, le seul point digne de mention était qu'elle avait ce que les autres avaient. Ce compromis effectué, la manière de le manger était pour elle un détail d'une indescriptible insignifiance. Qu'étaient les couteaux, les fourchettes, les cuillères, ou leur absence, pour Geneviève Maud ? L'assiette en fer blanc n'était qu'une nouveauté réjouissante, et le fait qu'elle ait été en étroite communion avec du riz au lait était attesté de manière éloquente par les échantillons de cette friandise qui s'accrochait affectueusement à ses traits et à sa grosse personne pendant l'après-midi.

Pendant qu'ils mangeaient, l'esprit actif d'Hélène Adeline était occupé. Elle a généreusement fait profiter sans tarder ses sœurs du bénéfice de son fonctionnement.

"Elle ne doit pas avoir d'argent", observa-t-elle pensivement, suivant avec des yeux aveugles le dernier polissage minutieux que la petite langue de Geneviève Maud donnait à l'assiette empruntée par Rover. "Personne n'a d'argent dans la vie simple, alors nous devons prendre sa banque et sortir tout l'argent et..."

"Dépense-le!" suggéra Grace Margaret avec ravissement, avec sa deuxième inspiration. Hélène Adeline réfléchit. La tentation était grande, mais au fond de sa petite tête sage se trouvait un vague pressentiment quant aux conséquences possibles.

"Non", décida-t-elle finalement, de manière cohérente. "Je suppose qu'il faut le donner aux pauvres. Nous allons casser la banque et le retirer, et Maudie peut le donner aux pauvres toute seule. Alors si quelqu'un gronde, *elle* l'a fait ! Vous appréciez ce genre d' acte noble, n'est-ce pas, Maudie ? » » ajouta-t-elle, de sa manière la plus majestueuse d'adulte.

Maudie a décidé qu'elle le ferait et a rapidement corroboré l'impression d'Helen Adeline. La douce brise du mois d'août attiquait son corps, l'herbe était fraîche et fraîche sous ses pieds, et son petit ventre semblait modelé sur un ballon de football par son copieux déjeuner. Elle devait être la figure centrale de la répartition de sa richesse, et une sagesse au-delà de la sienne se chargerait des détails insignifiants. Geneviève Maud, rassemblant le matériel pour de grandes tartes à la boue fondantes, chantait allègrement pour elle-même et trouvait la vie simple sa propre récompense.

"Nous la laisserons avec ses poupées", continua Hélène Adeline, "et nous traquerons les pauvres méritants . Ensuite, nous les amènerons ici et Maudie pourra leur donner tout ce qu'elle a. Mais d'abord"... ses petits yeux perçants se posèrent avec mécontentement sur la famille de Geneviève Maud – six poupées reposant en rang heureux dans un lit de pensées – « il faut d'abord enlever ces *poupées.* pompes et vanités .

Grace haleta.

"Enlever les poupées ?" » éjacule-t-elle, étourdie.

"Non, pas brusquement . Il suffit d'enlever tous leurs vêtements. Ne penses-tu pas que ça semble idiot pour eux de porter des vêtements alors que Maudie n'en a pas ?"

Grace Margaret a reconnu que c'était le cas, et aussitôt l'erreur a été rectifiée, les vêtements ont été ajoutés à la pile de vêtements de Geneviève Maud, et un agréable effet d'harmonie régnait. Les petites filles le considéraient avec une satisfaction innocente.

"Je suppose que nous ne pouvions pas vraiment prendre ses poupées", réfléchit à haute voix Helen Adeline. "Elle ferait énormément de bruit, et elle est si bonne et si silencieuse maintenant que c'est dommage de la commencer. Mais ses jouets *doivent partir*. Ils sont très chers, et ce sont des pompes et des vanités , je Je sais. Alors nous les prendrons avec nous et les donnerons aux enfants pauvres.

"Tu penses à beaucoup de choses, n'est-ce pas ?" gargouilla Grace Margaret avec une chaleureuse admiration. Sa sœur accepta modestement l'hommage, comme ce qui lui était dû. Laissant Geneviève Maud heureuse avec ses tartes à la boue et ses poupées déshabillées, tous deux se rendirent à la crèche et y firent une collection judicieuse de ses plus beaux trésors. Son arche de Noé, ses livres d'images, ses boules et blocs colorés, ses agneaux laineux qui se déplaçaient sur roues, son jeu de croquet miniature, tout tomba entre leurs jeunes mains impitoyables et, pour comble de crime, fut jeté dans le petit kart. c'était la prunelle même des yeux ronds de Geneviève Maud. Il grinçait sous son fardeau tandis que les enfants le traînaient soigneusement dans le couloir. Ils le descendirent avec une prudence exagérée, mais Geneviève Maud le vit de loin et, profondément émue par leur attention, s'approcha avec des gargouillis d'appréciation égoïste. Les conspirateurs échangèrent des regards désespérés. C'est l'esprit intrépide d'Helen Adeline qui a fait face à cette situation pénible. S'asseyant devant sa victime, elle prit dans les siennes les mains réticentes de Maudie et la regarda profondément dans les yeux comme maman avait l'habitude de regarder dans les siens dans les diverses occasions où des discussions sérieuses devenaient nécessaires.

"Maintenant, Geneviève Maud," commença-t-elle, " vous tu dois écouter et tu dois y penser, sinon tu ne peux pas jouer. Tu ne passes pas un bon moment ? Si vous ne voulez pas faire ce que nous disons, nous remettrons vos vêtements bien droits et vous laisserons au milieu de vos fastes et de vos vanités : et alors, que deviendra votre âme ? » Elle » fit une pause impressionnante pour permettre à cette question vitale de faire tout son attrait. Geneviève Maud se tordait et se tortillait.

"Mais", continua solennellement Hélène Adeline, "si vous faites comme nous le disons, nous vous laisserons jouer encore." Le problème plus vaste fut momentanément perdu de vue cette fois-ci, mais celui présenté semblait plaire vivement à Geneviève Maud.

"Laissez Geneviève Maud jouer encore", a-t-elle plaisanté.

"Et vas-tu faire tout ce que nous disons ?"

"Faites tout ce que vous dites", promit imprudemment Geneviève Maud.

"Très bien", - ceci avec une fidélité dans son imitation des manières de sa mère qui aurait convulsé cette femme admirable et patiente si elle l'avait entendu. " Et avant tout, nous devons donner vos jouets aux enfants pauvres. "

La bouche de Geneviève Maud s'est ouverte. Helen Adeline leva une main d'avertissement, et elle se referma.

"Ce sont des *pompes* ", répéta positivement la sœur aînée, "et nous vous apporterons des jouets simples si les enfants pauvres veulent bien échanger avec nous."

C'était pour le moins atténuant. Geneviève Maud hésita et renifla. En matière de déshabillage, les jouets étaient plus importants que les vêtements.

"Si tu ne le fais pas, tu sais, tu ne peux pas jouer", lui rappela Grace Margaret.

" Très bien ", remarqua brièvement Geneviève Maud. "Donnez des jouets aux enfants pauvres ."

Ils la quittèrent précipitamment avant que son noble dessein ne puisse le faire, et Geneviève Maud, livrée à ses propres ressources, prépara d'onctueuses tartes à la boue et les donna à manger à sa famille. Grace Margaret et Helen Adeline revinrent triomphantes au bout d'une heure et déposèrent aux pieds de leur petite victime de modestes offrandes composées d'une poupée en caoutchouc sans bras, d'un livre d'images sale et très déchiré et d'un haut cassé.

"C'est simple", déclara Helen Adeline avec vérité, "et les pauvres enfants Murphy ont vos pompes , Maudie. Êtes-vous contente ?"

Geneviève Maud, examinant d'un air dubitatif la collection indéfinissable devant elle, murmura sans enthousiasme visible quelque chose qui fut interprété comme signifiant qu'elle était heureuse. En fait, le charme de la vie simple ne s'imposait pas de manière convaincante. Le haut, elle l'a accepté jusqu'à ce qu'elle découvre que ça n'irait pas. La poupée en caoutchouc qu'elle a refusé de toucher jusqu'à ce que Grace Margaret suggère qu'elle avait été dans un hôpital et qu'elle avait été amputée des bras comme le fils de Mme Clark, Charlie. Profondément émue par le pathétique de ce destin tragique, Geneviève Maud ajoute la poupée en caoutchouc à sa famille aristocratique, dont les membres semblent s'écarter au fur et à mesure qu'elle tombe parmi eux. Le livre d'images auquel elle refusait de toucher du tout.

"C'est sale", a-t-elle remarqué, avec un air de finalité qui a effectivement clôturé la discussion. À cette époque , elle n'était pas elle-même un monument de propreté particulièrement efficace. Le riz au lait et les tartes à la boue s'étaient combinés pour produire un effet assez bizarre, et la terre qu'elle avait ramassée négligemment dans les allées, les parterres de fleurs et les haies animait mais n'améliorait pas l'ensemble.

"Elle devrait être lavée très bientôt", suggéra Grace en l'examinant d'un œil critique; mais Hélène Adeline s'offusqua aussitôt de cette critique tacite.

"Ils n'ont pas tellement besoin de le faire", objecta-t-elle, "quand c'est la vie simple. C'est l'une des belles choses."

Geneviève Maud était bien contente de cette décision. Ses jeunes années lui interdisaient les coupes de cheveux en quatre et les distinctions subtiles ; les termes « saleté accumulée » ou « vieille saleté » n'avaient pour elle aucune signification. Elle n'aurait pas pu dire pourquoi elle avait rejeté le livre d'images complètement crasseux de l'enfant Murphy, et pourtant elle se roulait joyeusement dans une fine couche de boue et de poussière, mais elle faisait les deux instinctivement.

Son attention était agréablement distraite par des cris sourds venant de la rue, au-delà de la haie du jardin. Trois femmes italiennes, toutes âgées, se tenaient là, gesticulant librement et faisant signe aux enfants, et un petit garçon en haillons avec des béquilles planait nerveusement près d'elles. Helen Adeline se leva d'un bond avec une exclamation soudaine.

"Ce sont les pauvres !" dit-elle avec enthousiasme. "Pour ton argent, Geneviève Maud. Je leur ai dit de venir. Prends la banque, Gracie, et elle doit tout donner !"

Grace partit promptement faire ses courses, mais il y eut un certain retard dans l'ouverture de la banque à son retour - un intervalle agréablement rempli par les visiteurs avec un regard intéressé sur l'éhontée Geneviève Maud, dont l'inconscience aérienne de son apparence non conventionnelle attestait de manière unique sa jeunesse. Lorsque l'argent arriva enfin, distribué en pièces de quelques centimes, en pièces de cinq cents et en pièces de dix cents rares, l'expression d'émerveillement bon enfant dans les vieux yeux noirs scrutant d'un air de loup par-dessus la haie se transforma rapidement en une vive cupidité, mais les enfants ne virent rien. de cela. Hélène Adeline a divisé l'argent aussi équitablement qu'elle le pouvait en quatre petits tas.

"C'est tout ce qu'elle a", expliqua-t-elle avec grandeur, "alors elle doit tout vous donner, parce que la richesse est un faste et ruine les âmes. Donnez-le,

Geneviève Maud", a-t-elle poursuivi, abandonnant magnanimement le centre de la scène. au novice dans la vie simple.

Geneviève Maud le lui tendit d'une petite patte grosse et sale, et les femmes et le boiteux le reçurent sans critique, avec des mots de remerciement et même avec des sourires amicaux. Curieusement, il n'y eut aucune querelle entre eux sur la répartition du butin. Pendant un moment en or, ils ont été touchés et adoucis par le cadeau de la main de bébé qui a tout donné si généreusement. Puis la sagesse d'une disparition rapide les frappa et ils s'évanouirent, laissant la rue tranquille à nouveau déserte. Hélène Adeline inspira longuement alors que la lueur vive de leurs foulards disparaissait au coin d'un coin.

"C'est sympa", s'exclama-t-elle avec contentement. "Maintenant, que pouvons-nous lui faire faire d'autre ?"

Les deux paires d'yeux se posèrent méditativement sur la petite sœur inconsciente, à nouveau perdue dans son environnement dans la construction de sa vingt-troisième tarte à la boue. Même l'abandon de sa fortune ne l'a pas détournée de cette joie sans levain de la vie simple. "Nous lui avons fait faire presque tout, je suppose", a admis Grace Margaret, avec une réticence évidente. Cela semblait effectivement être le cas. Dépouillée de ses vêtements, de son argent et de ses jouets, il semblerait que Geneviève Maud ait laissé peu de biens terrestres ; mais alors même qu'ils regardaient à nouveau, Grace Margaret eut une autre inspiration.

"Est-ce qu'ils ne travaillent pas quand ils ont une vie simple ?" » demanda-t-elle   brusquement.
"'Bien sûr qu'ils fonctionnent."

"Alors laissons Geneviève Maud faire notre travail."

Il y eut un moment de silence – un silence rempli de la jouissance satisfaisante pour l'âme d'une noble conception.

"Grace Margaret Davenport", dit Helen solennellement, "tu es une fille intelligente!" Elle poussa un soupir heureux et ajouta : " Bien sûr, nous la laisserons ! Elle doit travailler. Elle peut arroser les géraniums pour toi et les pensées pour moi, et rassembler les affaires de croquet pour moi et les prendre. " " Je remplis le bassin d'eau du Rover, je récupère des graines pour les oiseaux, je ramasse tout le papier et les feuilles sur la pelouse. "

Il est à déplorer que la vie active et même fatigante ainsi esquissée ne plaise pas pour le moment à Geneviève Maud lorsqu'on lui en fait remarquer les attraits. L'après-midi s'éteignait, et Geneviève Maud commençait à s'évanouir aussi ; ses petits pieds étaient fatigués, et ses grosses jambes semblaient se courber davantage dans sa lassitude de bien faire ; mais la terrible menace d'être mise à l'écart du jeu persistait, et elle luttait courageusement dans sa tâche, tandis que les deux principaux conspirateurs se reposaient langoureusement et surveillaient ses efforts sous le saule.

"Ce sera bientôt l'heure de se coucher", a suggéré Helen Adeline, le soupçon d'une mauvaise conscience se cachant dans la remarque. « Elle peut avoir son pain et son lait comme elle le fait toujours, c'est simple . Mais pensez-vous qu'elle devrait dormir dans ce beau berceau en cuivre ? »

Grace Margaret ne le pensait pas, mais elle était malheureusement perplexe de trouver un substitut.

"Maman ne la laisse pas dormir ailleurs non plus", fit-elle remarquer.

"Maman ne le saura pas."

"Annie ou Katie le sauront… peut-être ."

Le " p'r'aps " était provisoire. Annie et Katie avaient pleinement profité de la liberté offerte par la maladie de leur maîtresse, et leur politique à l'égard des enfants était une politique d'inactivité magistrale. Tant que les petites filles restaient tranquilles , elles étaient probablement bonnes et donc, à coup sûr, tranquilles. Pourtant, il n'est guère possible que même leur insouciance ne tienne pas compte du lit inoccupé de Geneviève Maud, s'il s'avérait inoccupé.

" Certainement papa le saura. "

Le dernier espoir d'Hélène Adeline s'est éteint avec ce rappel soudain. Elle soupira. Bien sûr, papa viendrait embrasser ses filles pour leur souhaiter une bonne nuit, mais ce n'était que dans des heures. Beaucoup pourrait être fait pendant ces heures. Son problème fut soudainement simplifié, car alors même qu'elle fronçait les sourcils et réfléchissait, Grace Margaret attirait son attention sur une image séduisante derrière elle. A l'abri d'un hortensia blanc en fleurs, Geneviève Maud dormait profondément. C'était une Geneviève Maud sale et épuisée, usée par la chaleur et le labeur de la journée, griffée par les buissons et les ronces, mais merveilleusement attrayante dans son impuissance – si attrayante que le cœur d'Hélène Adeline se languit d'elle. Elle a vaincu la faiblesse momentanée.

« *Je* pense, » suggéra-t-elle nonchalamment, « qu'elle devrait dormir dans la grange.

Grace Margaret haleta.

"Ce n'est pas une vie simple de dormir dans de jolis jardins", a poursuivi l'autorité, avec une conviction simple mais passionnante. "Et... l'Enfant Jésus n'est-il pas né dans des granges ?"

Grace Margaret essaya de protester légèrement.

"Papa n'aimera pas ça", commença-t-elle faiblement.

"Il ne le saura pas. Bien sûr, nous ne la laisserons pas *rester* là ! Mais juste un petit moment, pour que ça se termine comme il se doit."

La défense de tels idéaux de cohérence a conquis Grace Margaret - si complètement, en fait, qu'elle a aidé à transporter Geneviève Maud endormie non seulement à la grange, mais même, dans une inspiration glorieuse, au chenil de Rover - une habitation spacieuse et magnifiquement propre. Les deux hommes y déposèrent l'innocent encore endormi et reculèrent pour observer l'effet. Hélène Adeline poussa un long soupir de satisfaction. "Eh bien," dit-elle, avec le contenu d'un artiste examinant l'œuvre parfaite, "si ce ne sont pas des vies simples, je ne sais pas ce que c'est !"

Ils ont quitté les lieux et sont entrés dans la maison. Les ombres s'allongeaient sur le sol de la grande grange et les voix des enfants dans la rue au-delà devenaient plus faibles et finissaient par s'éteindre.

Les lumières commencèrent à scintiller aux fenêtres voisines. Rover, de retour de sa visite amicale, chercha sa maison, s'approcha de l'entrée avec confiance et se retira avec un grognement sourd. Le bébé continua à dormir, et le chien, reconnaissant enfin son compagnon de jeu, s'étendit devant l'entrée de sa niche et monta fidèlement la garde, avec un air perplexe dans ses fidèles yeux marrons. Les enfants plus âgés, perdus dans les conversations agréables et dans l'attrait des pommes au four et des toasts au lait, oublièrent complètement Geneviève Maud et les heures de vol.

Il faisait presque nuit lorsque leur père rentra à la maison et, après une visite au chevet de sa femme, s'occupa du bien-être de ses enfants. L'expression des visages des deux plus âgés lorsqu'ils comprirent soudain sa présence expliquait en partie l'absence du troisième. M. Davenport avait bénéficié des avantages de onze années d'association quotidienne avec sa fille Helen Adeline.

"Où est-elle?" » demanda-t-il brièvement, avec un léger picotement du cuir chevelu.

En procession solennelle, en chemise de nuit, elles le conduisirent à ses côtés ; et la paix de la nuit parfumée, alors qu'ils traversaient le jardin, était rompue par des explications, des récriminations mutuelles et des expressions de regrets inutiles. Rover se leva à leur approche et leva les yeux dans les yeux de son maître, remuant la queue en signe de bienvenue.

"La voici", semblait-il dire. "Tout va bien. *Je* me suis occupé d'elle."

Les yeux du père s'assombrirent alors qu'il tapotait la belle tête du chien et soulevait le corps nu de sa plus jeune fille dans ses bras. Son petit corps était froid et elle frissonna en se réveillant et en le regardant. Puis elle regarda les visages affligés de conscience de ses sœurs et la mémoire revint. Cela lui arracha une de ses rares remarques spontanées.

"N'aimez pas les simples yives ", annonça Geneviève Maud avec beaucoup de fermeté. "Je ne veux plus jouer ."

"Vous ne le ferez pas, mes bébés ", promit son père d'une voix rauque. "Plus de vie simple pour Geneviève Maud, soyez-en sûr."

Plus tard, après le bain chaud et le dîner que son père et l'infirmière de formation avaient supervisés, Geneviève Maud fut confortablement installée dans le petit berceau de cuivre qui avait suscité auparavant la sévère désapprobation de ses sœurs. Son visage rond brillait de cold cream. Une tasse en argent, pleine de lait, se tenait à côté de son berceau, sur sa suggestion qu'elle pourrait devenir « première » pendant la nuit. Trouvant l'occasion d'une indulgence et d'une concession illimitées, elle avait exigé et obtenu le privilège de porter sa plus belle chemise de nuit, resplendissante avec un grand nœud rose. Dans sa main, elle tenait un gros biscuit.

Helen Adeline et Grace Margaret ont observé cette scène sybaritique depuis l'obscurité extérieure de la salle.

"Regardez son pauvre corps en voie de disparition , plein de réconfort", soupira tristement Helen Adeline. Puis, avec une amertume concentrée, "Je suppose que nous n'oserons plus jamais *penser* à son âme !"

V

SON GARÇON

Le capitaine Arthur Hamilton, du —— th Infantry, bougea sur son étroit lit de camp, gémit en partie d'irritation et en partie de douleur, marmonna quelques mots inaudibles et regarda avec une forte désapprobation vers l'ouverture de la tente-hôpital dans laquelle il gisait. À travers elle passaient les douces brises de la nuit cubaine, un aperçu de la ligne d'horizon brillamment étoilée et la voix joyeuse du soldat Kelly, élevée en chant. Les mots parvinrent distinctement aux oreilles réticentes de l'officier impuissant.

"'Oh, Liza, chère Liza '", a chanté Kelly, en réponse enthousiaste à la beauté de la soirée.

» marmonna à nouveau le capitaine Hamilton en réprimant un désir séduisant de jeter quelque chose à la tête de l'Irlandais, se découpant sur le ciel alors qu'il boitait devant l'entrée. Six semaines s'étaient écoulées depuis la bataille de San Juan, au cours de laquelle Hamilton et Kelly avaient été parmi les nombreux grièvement blessés. Kelly, témoin de ce service inutile de chant, était déjà convalescente. Il pouvait errer de tente en tente dans des efforts bien intentionnés mais vains pour encourager ses compagnons moins fortunés. Baker était de nouveau là aussi, se souvenait Hamilton, ainsi que Barnard, Hallenbeck et Lee, et... oh, une foule d'autres. Il passa en revue leurs noms comme il l'avait fait d'innombrables fois auparavant au cours des longues journées et nuits qui s'étaient écoulées depuis qu'il était « hors de tout cela », comme il se disait. Lui seul, parmi ses collègues officiers du régiment, gisait encore enchaîné à son misérable lit de camp, un véritable rondin d'impuissance, dans lequel un esprit ardent flambait et consumait. Sa nature n'était pas disposée à se laisser aller à l'inactivité ; et ces derniers temps, il avait ressenti avec un sentiment de peur froid et nauséabond, nouveau, comme son impuissance, que l'inactivité devait être son lot pendant très, très longtemps encore. Au début, cette pensée n'avait touché sa conscience qu'à de larges intervalles, mais maintenant elle devenait une horreur constante et tapie, toujours avec lui, ou juste à sa portée, prête à surgir.

Il était « hors de tout », non pas pendant des semaines ou même des mois, mais très probablement pour toujours. La réticence du docteur le lui apprit ; son propre cœur malade aussi ; il en était de même pour la bonne humeur respectueuse de ses hommes et de ses frères officiers. Ils en ont fait trop, se rendit-il compte, et les efforts qu'ils ont déployés si consciencieusement montraient combien leur sympathie devait être profonde et combien sa cause était tragique. Ses lèvres se tordirent sardoniquement alors qu'il se souvenait de leurs prédictions optimistes sur son rétablissement immédiat et des hommages qu'ils rendaient à son courage sur le terrain. Il est vrai qu'il s'était distingué au combat (par hasard, assurait-il ainsi qu'à eux), et il avait figuré comme un héros dans les récits ultérieurs de la bataille. Mais les autres camarades n'auraient guère pris la peine de mentionner une bagatelle de ce genre, se dit-il, si le petit insigne de gloire qu'il avait emporté hors du terrain n'avait pas été désormais son unique possession. Il avait donné plus que sa vie pour cela. Il avait sacrifié sa carrière, sa place dans les rangs actifs, son corps parfait et athlétique. Sa vie aurait été un simple cadeau en comparaison. Pourquoi n'a-t-il pas pu être pris ? se demanda-t-il pour la centième fois. Pourquoi n'aurait-il pas pu, comme d'autres, mourir glorieusement et être déposé avec le drapeau enroulé autour de lui ? Mais cela, pensa-t-il amèrement, aurait été trop de chance. Au lieu de cela, il doit traîner encore et encore, sans aucune utilité pour lui-même ni pour autrui.

Encore et encore , il contemplait la triste perspective, cochant mentalement les détails du passé, les expériences déprimantes à venir, le désespoir de tout cela ; et tandis que son esprit tournait avec lassitude autour du petit cercle, il se méprisait pour la futilité de tout le processus mental et pour son incapacité à fixer ses pensées sur d'autres choses que son propre malheur. Un homme paralysé ; une chose morte jusqu'à la taille : c'était ce qu'il était devenu. Il gémit à nouveau alors que cette prise de conscience lui rongeait l'âme, et à ce son, une infirmière à casquette blanche se leva de la table où elle était assise et vint à son chevet avec un sourire de gaieté professionnelle. Elle avait un visage fatigué et usé, et des yeux bleus délavés, qui semblaient avoir trop vu la souffrance humaine. Mais un esprit indomptable les regardait et parlait aussi, dans sa démarche alerte et dans l'équilibre fin de sa tête et de ses épaules.

"Votre courrier est arrivé", lui dit-elle, "et il semble y avoir de belles lettres, des grosses. L'une, venant de Russie, a une couronne d'or sur l'enveloppe. Peut-être ferais-je mieux de vous laisser tranquille pendant que vous le lisez."

Hamilton sourit sinistrement en tendant une main langoureuse. Il aimait bien Miss Foster. C'était une bonne personne, et elle avait noblement soutenu les garçons pendant les terribles jours qui avaient suivi le combat. Il aimait aussi son humour, même s'il avait parfois des soupçons quant à sa spontanéité. Puis son regard tomba sur l'enveloppe supérieure du petit paquet qu'elle lui avait donné, et à la vue de l'écriture il retint son souffle, et le sang lui monta soudain au visage. Il ferma les yeux un instant pour tenter de se ressaisir. Est-ce qu'il s'en souciait encore, après dix ans, et comme ça ! Mais peut-être, très probablement, ce n'était qu'une manifestation de sa misérable faiblesse, qui ne pouvait supporter même une agréable surprise sans ces effets physiques absurdes. Il se souvint, avec un sourire plus joyeux, qu'il n'avait pratiquement pas pensé à elle au cours de l'année écoulée. Les préparatifs de la guerre et le petit rôle qu'il y avait joué l'avaient absorbé corps et âme. Il ouvrit la lettre sans autre analyse personnelle et lut avec un intérêt croissant les lignes serrées sur le mince papier étranger, dont le coin gauche contenait un double de la couronne d'or sur l'enveloppe.

"CHER VIEUX AMI, — Vous m'avez sans doute oublié pendant toutes ces années. Dix ans, n'est-ce pas ? Mais je ne vous ai pas oublié, ni mes autres amis en Amérique, si exilé que je sois et si inconscient que j'ai pu paraître. " Je ne sais pas vraiment pourquoi je ne suis pas revenu chez moi pour une visite bien avant. En fait, j'avais prévu de le faire d'année en année, mais une vie bien remplie et des intérêts nombreux et variés ont retardé le voyage d'une manière ou d'une autre. Je J'ai trois garçons – neuf, sept et cinq ans – et il serait difficile de les emmener avec moi et impossible de les laisser derrière moi.

"Mais mon cœur aspire souvent à ma terre natale, et dans une tour de ce vieux château, j'ai une grande pièce pleine de souvenirs de chez moi. C'est l'endroit que j'aime le plus dans mon nouveau pays. Ici, je lis mon courrier et j'écris mon des lettres et je suis les nouvelles américaines dans les journaux que mes amis m'envoient. Ici, avec mes garçons se bousculant devant la cheminée, j'ai lu l'ascension de la colline de San Juan, et de toi, mon ami, et de ton splendide courage, et de ta blessure. .

"Nul doute que lorsque cette lettre vous parviendra , vous serez de nouveau rétabli et n'aurez plus besoin de ma sympathie. Mais vous me laisserez vous dire à quel point je suis fier de vous.

"J'ai lu les articles des journaux à mes garçons, qui ont été très intéressés et impressionnés lorsqu'ils ont appris que maman connaissait le héros. J'ai été très amusé par le plus jeune, Charlie - trop petit, pensais-je, pour tout comprendre. Mais il s'est tenu devant moi avec ses mains sur mes genoux et ses grands yeux marron sur mon visage ; et quand j'ai fini de lire , il m'a posé beaucoup de questions sur la guerre et sur vous. Il est le plus américain de mes enfants et il adore entendre parler du pays de sa mère. Après que les autres soient partis, il s'est blotti sur mes genoux et a exigé que « l'histoire » soit répétée dans son intégralité ; et lorsque j'ai décrit à nouveau la manière magnifique dont vous avez sauvé vos hommes, il a dit fermement : « Je suis *son* garçon.

" J'ai pensé que cet hommage spontané et non recherché pourrait vous intéresser, et mon but en vous l'écrivant est de vous le transmettre, même si j'avoue qu'il m'a fallu beaucoup de temps pour y arriver !

"Vous pardonnerez cette lettre décousue, et vous me croirez, comme toujours,

" Cordialement votre ami,

"MARGARET CHALLONER VALDRONOVNA."

Hamilton replia lentement la lettre et la remit dans son enveloppe, laissant le réconfort de sa douce convivialité pénétrer dans son cœur endoloris. Elle ne l'avait donc pas tout à fait oublié, cette belle femme qu'il avait aimée et qui lui avait offert une gracieuse et charmante *camaraderie* en échange du dévouement de sa vie. Il n'avait pas été assez insensé pour mal interpréter ses sentiments, c'est pourquoi il n'avait jamais parlé ; et elle, après deux brillantes saisons à Washington, avait épousé un grand noble russe et était partie sans se douter, il en était sûr, de ce qu'elle représentait pour lui. Il s'était rétabli, comme les hommes, mais il n'avait plus aimé ni ne s'était marié. Il se demandait si elle le savait. Très probablement ; car les journaux qui consacraient tant d'espace à ses réalisations avaient ajouté des notes biographiques détaillées, sur lesquelles il avait grimacé de dégoût instinctif pour une discussion aussi intime de ses affaires personnelles. Les rapports précédents (apparemment ceux qu'elle avait lus) avaient publié des récits trompeurs sur ses blessures. Ils étaient graves, mais pas dangereux, selon ces autorités. Ce n'est que récemment que des rumeurs sur son véritable état ont commencé à se répandre. La princesse ne les avait pas lu. Hamilton en était content.

Il se rappelait rêveusement les différents passages de sa lettre, le reste de son courrier abandonné sur son lit. Ce garçon… son garçon… *son* garçon. Il sourit intérieurement, d'abord avec amusement, puis avec une soudaine tendresse qui adoucit agréablement ses lèvres sévères. Il était assez faible, assez effrayé, assez seul pour saisir avec un véritable battement de cœur pitoyable cette petite main tendue vers lui à travers la mer. Il aimait ce garçon – *son* garçon. Ce doit être un brave garçon. Il se demandait distraitement à quoi il ressemblait. « Trois garçons – neuf, sept, cinq » – oui, Charlie avait cinq ans et de grands yeux marrons. Comme celui de sa mère, l'homme frappé s'en souvient. Elle avait les yeux marrons – et des yeux tellement marrons. Des yeux bruns si gentils, amicaux et féminins, de véritables miroirs de l'âme forte qui les regardait. Quelque chose de chaud et d'humide piqua la surface de la joue de Hamilton. Il le toucha sans s'en douter, puis jura seul avec un profond et franc dégoût de lui-même.

"Eh bien, de tous les idiots sentimentaux !" il murmura. "Je suis très nerveux quand je braille comme un bébé parce que quelqu'un m'envoie une lettre amicale. Je suppose que je vais y répondre."

Miss Foster lui apporta une plume, de l'encre et du papier, et il commença à écrire avec difficulté, allongé sur le dos.

"MA CHÈRE PRINCESSE,—Votre lettre vient de me parvenir, et vous ne pouvez pas, j'en suis sûr, imaginer la joie et le réconfort qu'elle m'a apporté. Je m'attarde toujours à contrecœur sur la liste des malades, mais il est maintenant question de m'envoyer vers le nord. sur le *Secours* la semaine prochaine, quand j'espère donner une meilleure image de moi. En attendant et après, je penserai beaucoup à vous et aux garçons, surtout au plus jeune et à son adoption flatteuse pour moi. Je suis déjà insupportable fier de cela, et plutôt sentimental aussi, comme vous le constaterez par le fait que je veux sa photo ! Me l'enverrez-vous, aux soins de la Morton Trust Company, New York ? Je ne sais pas encore exactement où je vais être.

"Il y a une agréable révélation de bien-être et de bonheur entre les lignes de votre lettre. Croyez-moi, je me réjouis des deux.

"Fidèlement votre,

"ARTHUR HAMILTON."

En lisant la lettre, la lettre lui parut brève et insatisfaisante, mais il était déjà épuisé et n'avait pas la force de faire un nouvel effort. Il l'a donc cacheté et adressé avec lassitude, et l'a donné à Miss Foster pour le prochain courrier. Ses yeux fatigués s'écarquillèrent un peu alors qu'elle lisait naïvement l'inscription.

Au cours des jours et des nuits apparemment interminables qui ont suivi, Hamilton s'est battu vaillamment mais désespérément contre son âme malade. Partout où il regardait, c'était l'obscurité, éclairée une ou deux fois, et pour un instant seulement, par le souvenir soudain et passager d'un petit enfant. Ce serait trop dire que ce souvenir le réconfortait. Rien ne pouvait encore faire cela. Tout ce qu'il osait espérer, c'était avoir la force de traverser son épreuve avec quelque chose qui se rapprochait de la virilité et de la dignité. Les visites de ses amis étaient une épreuve pour lui comme pour eux, et il était malheureusement facile de voir à quel point le sentiment de sa situation désespérée les déprimait. Il pouvait imaginer la longue respiration qu'ils respiraient en quittant sa tente et en se retrouvant à nouveau dans un monde riche, chaleureux et sain. Il ne leur a pas reproché. À leur place, il aurait sans doute ressenti la même chose. Mais il était inévitablement de plus en plus replié sur lui-même et, dans ses efforts obstinés pour s'éloigner de sa pensée égocentrique, il se tourna avec une ferme détermination vers des imaginations portant sur des choses lointaines, et en particulier vers des imaginations du garçon, le petit bonhomme qui l'aimait. , et qui, Dieu merci, n'était pas encore « désolé pour lui ! Curieusement, la mère semblait avoir pris sa place au second plan des pensées de Hamilton. C'était son fils qui l'attirait – l'enfant innocent, moitié américain, moitié russe, entrant si joyeusement et inconsciemment dans les incertitudes accrues de la vie dans son pays tragique de naissance.

Au cours du voyage éprouvant et orageux vers le nord sur le grand navire-hôpital, Hamilton eut d'étranges visions à moitié éveillées d'un garçon aux cheveux bouclés et aux yeux marrons, culbutant sur un tapis en peau d'ours devant une grande cheminée, ou se tenant aux genoux de sa mère. la regardant en face alors qu'elle parlait de l'Amérique et d'un soldat américain. Il commença à imaginer que cette vision tenait à distance les autres horreurs qui l'attendaient. S'il pouvait garder cela à l'esprit, il serait en sécurité. Il était heureux que la mère et le fils ne puissent pas, à leur tour, l'imaginer tel qu'il était.

Lorsque les photographies sont arrivées, peu après son arrivée à New York, l'officier, impuissant, a ouvert le gros colis avec des sonneries enthousiastes. Il y avait deux « armoires », toutes deux réservées à l'enfant. L'un d'eux lui montrait, à l'âge de deux ans, un beau bébé dodu, avec des fossettes, légèrement vêtu d'une serviette brodée. La seconde était apparemment assez récente. Un garçon de cinq ans, vêtu de velours noir et portant un col en dentelle ahurissant, sortait tout droit de l'image avec des yeux sombres et tragiques, dont le regard direct ressemblait tellement à celui de sa mère que dix années semblaient soudainement effacées lorsque Hamilton rendait son regard. Avec celles-ci, il y avait une petite lettre sur un papier à lettres d'enfant, en caractères imprimés qui défilaient avec ivresse sur la page de gauche à droite. Hamilton l'a lu en riant.

"CHER CAPITAINE HAMILTON, - Je t'aime beaucoup. Je t'aime parce que tu as combattu pendant la guerre. J'ai ta photo. J'ai mis une bougie devant ta photo. La bougie brûle. Je t'aime beaucoup. Ton garçon ,

"CHARLIE."

Ce chef-d'œuvre épistolaire était accompagné d'une brève note de la mère de l'écrivain, expliquant que la « photo » du capitaine Hamilton, dont son enfant se vantait de la possession, avait été découpée dans un journal illustré et collée sur un carton rigide pour satisfaire le caprice de l'enfant. .

"Il insiste pour allumer une bougie devant elle", écrit-elle, "évidemment à cause d'une vague association avec des cierges, des autels et le reste. Comme il s'agit d'une nouvelle manifestation de son caractère, nous lui faisons plaisir librement. Cela peut certainement lui faire du bien. il n'y a pas de mal à aimer et à admirer un homme courageux. D'ailleurs, faire brûler une bougie pour vous ! N'est-ce pas un nouveau battement de gloire ?

Hamilton, toujours en proie à une dépression stupide dont il ne voulait parler à personne, était un peu amusé et plus touché. Dans sa hideuse solitude et sa terreur , ce joli incident, dont il aurait souri et oublié il y a un an, prit un intérêt sans commune mesure avec son importance. Il ressentit soudain un sentiment inexplicable de compagnie agréable. L'enfant est devenu une personnalité aimée, la seule chose humaine, proche et vitale dans un monde sur lequel semblait planer un épais brouillard noir à travers lequel Hamilton tâtonnait vaguement et misérablement. Lui-même ne savait pas pourquoi l'enfant l'intéressait tant et il n'essayait pas non plus d'analyser le fait. Il en était simplement reconnaissant, ainsi que du fait qu'il n'éprouvait aucun sentiment sentimental pour la mère du garçon. Cela avait disparu de sa vie comme tout ce qui appartenait à l'ancien ordre des choses avait apparemment disparu. Il avait toujours été un homme calme, réservé, égocentrique et sans émotion, se glorifiant peut-être un peu de son manque de dépendance à l'égard du genre humain. Dans son besoin, il s'était tourné vers ses semblables et s'était tourné en vain. Maintenant qu'une chose précieuse lui était parvenue sans qu'on l'ait recherchée, il n'avait pas l'intention de la perdre.

Par l'intermédiaire de ses médecins, il a tiré diverses dépêches journalistiques, ce qui a entraîné la suppression, dans les journaux, des faits désespérés de son cas. Il n'avait pas l'intention, décida-t-il, de laisser son garçon le considérer comme attaché au canapé d'un invalide. Alors, connaissant quelque chose de la nature humaine et du caractère évanescent des imaginations enfantines, il fit expédier en Russie une variété de jouets mécaniques américains, propres à gonfler le sein fier du petit garçon qui les recevait. Cette tentative éhontée d'obtenir une faveur continue a rencontré un succès immédiat. Un petit cri de joie extatique et incohérent est venu du pays du tsar sous la forme d'une autre lettre ; et la bougie, qui aurait très probablement brûlé ou même s'était éteinte, s'alluma de nouveau joyeusement.

Ce fut le début d'une relation qui intéressa et détourna Hamilton pendant des mois. Il ne ménageait aucun effort pour adapter ses lettres à l'intérêt et à la compréhension de son petit correspondant, et il tirait une satisfaction tout à fait incroyable des gribouillages enfantins qui lui répondaient. Il s'agissait de documents tout à fait infantiles, sur l'âne, la nourrice, les jouets et les jeux de la vie quotidienne du petit garçon. Habituellement, ils étaient écrits dans ses propres lettres imprimées. Parfois, ils étaient dictés à la mère, qui rapportait fidèlement chaque mot important qui sortait des lèvres de l'enfant. Mais ils étaient toujours pleins du culte du héros du petit enfant pour le grand et fort combattant américain ; et dans chaque lettre, tantôt au début, tantôt à la fin, parfois aux deux endroits, à mesure que l'enthousiasme de l'écrivain grandissait, se trouvait l'assurance satisfaisante : « *Je suis votre garçon.* » Les yeux d'Hamilton parcoururent les petites pages jusqu'à ce qu'il trouve cette ligne, et il s'y reposa avec contentement.

Au fil des mois, l'influence curative du temps a exercé ses effets. Hamilton, tout enfermé qu'il fût, s'adapta au monde étroit d'une chambre d'invalide et à ses rares intérêts. Fort de la richesse dont il avait heureusement hérité, il fit venir à ses côtés d'éminents spécialistes susceptibles de l'aider, et traversa alternativement des espoirs extatiques et des peurs abyssales au fur et à mesure que les grands hommes allaient et partaient. Très discrètement aussi, il a aidé d'autres personnes moins fortunées financièrement que lui. Les infirmières et les médecins de l'hôpital où il gisait apprenaient à l'aimer et à l'admirer, et d'autres patients, convalescents ou nouveaux arrivants, capables de se déplacer, recherchaient ses chambres gaies et y apportaient un parfum du monde extérieur. À travers tout cela, s'enroulant au fil des semaines aux couleurs neutres comme un fil écarlate de vie et d'espoir, arrivaient les lettres enfantines de Russie, et chaque semaine une épaisse lettre revenait, astucieusement conçue pour maintenir vivants l'amour et l'intérêt d'un petit garçon imaginatif.

Au bout de six mois, le jeune Charles tomba de son âne et se cassa le bras gauche, mais cet incident insignifiant ne devait pas gêner la régularité réjouissante avec laquelle ses lettres arrivaient. C'était pourtant intéressant, car il mettait en lumière la place qu'occupait son héros américain dans l'imaginaire de l'enfant. Sa mère en a parlé dans sa lettre décrivant l'accident.

"Le bras devait être réparé immédiatement", a-t-elle écrit, "et bien sûr, c'était très douloureux. Mais j'ai dit à Charlie que vous seriez très déçu si votre garçon n'était pas courageux et n'obéissait pas au médecin. Il a vu la force de cela immédiatement, et il n'a pas versé une larme, bien que son cher petit visage soit blanc et tiré par la douleur.

Maître Charlie lui-même a évoqué le même incident agréable dans la première lettre qu'il a dictée après l'épisode.

"Je n'ai pas pleuré", a-t-il déclaré avec une satisfaction naturelle. "Maman a pleuré et Sonya a pleuré. Les hommes ne pleurent pas. N'est-ce pas ? Tu n'as pas pleuré quand tu as été blessé, n'est-ce pas ? Je vais être comme toi."

Hamilton rit de la lettre, ses joues pâles rougissant un peu en même temps. Il *avait* pleuré une ou deux fois ; il s'en souvenait maintenant avec honte. Il doit essayer de faire mieux, en gardant à l'esprit qu'il constitue un modèle héroïque pour les jeunes.

Il lisait encore la petite lettre lorsque le Dr Van Buren, son camarade de classe au Point, son seul intime depuis lors, et son médecin maintenant, entra dans la pièce, le salua sèchement et resta un moment à la fenêtre, tambourinant des doigts. violemment contre la vitre. Hamilton connaissait les symptômes ; Van Buren était nerveux et inquiet à propos de quelque chose. Il laissa tomber la petite enveloppe sur ses genoux et leva les yeux.

"Bien?" » dit-il laconiquement.

Van Buren ne répondit pas un instant. Puis il se retourna, traversa brusquement la chambre et s'assit près du fauteuil où l'officier passait ses journées. Le visage du médecin était tendu et pâle. Son regard, habituellement direct, se déplaça et tomba sous le regard interrogateur de son ami.

"Bien?" répéta ce dernier avec force. « Je suppose que vous avez encore parlé de moi. Quel est le résultat ?

Van Buren s'éclaircit la gorge.

"Oui, nous... nous l'avons fait, vieil homme", commença-t-il d'une voix plutôt rauque, "là-dedans, vous savez." Tout en parlant, il indiqua la direction du cabinet de consultation. "Nous n'aimons pas les symptômes récents."

Inconsciemment, Hamilton redressa les épaules.

"Finissons-en. Ne mâchez pas vos mots, Frank. Pensez-vous que la vie est une chose si précieuse pour moi que je ne peux pas m'en séparer s'il le faut ?"

Van Buren se tordait sur sa chaise.

"Ce n'est pas ça", dit-il, "la vie ou la mort. C'est le travail ... je veux dire, c'est différent. C'est... c'est ça." Il posa la main sur les jambes impuissantes de l'officier, tendues avec raideur sous un afghan afghan gai . "Dieu!" » s'écria-t-il tout à coup, « Je ne sais pas comment vous allez le prendre, mon vieux ; et cela n'a aucun sens d'essayer de casser une chose pareille en douceur. Nous avons peur... nous pensons qu'ils vont... devoir se détacher!"

Sous le choc, Hamilton serra les dents.

"Pourquoi?" » demanda-t-il doucement.

"Parce que... eh bien, parce qu'ils ne valent rien. Ils sont morts. Ils constituent une menace constante pour vous. Une égratignure ou une blessure de quelque nature que ce soit... ils doivent partir, c'est tout, Arthur. Mais nous avons J'en ai discuté et nous pouvons vous soigner afin que vous puissiez vous déplacer et être bien mieux loti que vous ne l'êtes actuellement. Il se pencha en avant pendant qu'il parlait, et ses mots venaient rapidement et avec empressement. Le pire était passé ; il était prêt à imaginer l'autre côté. Hamilton l'arrêta d'un geste.

« Et si je refusais de les laisser partir ? » demanda-t-il sombrement.

Van Buren le regarda.

"Tu ne peux pas!" balbutia-t-il.

"Pourquoi pas?"

« Parce que… eh bien, parce que votre vie dépend de leur disparition !

Les lèvres de Hamilton se contractèrent.

"Ma *vie !* ", répéta-t-il. "Ma précieuse et joyeuse jeune vie ! Si pleine de bonheur ! Si utile !" Il abandonna brusquement son ton sauvagement amer. « Non, Frank, » dit-il doucement, « je ne traverserai pas la vie comme la moitié d'un homme. Je laisserai les choses suivre leur cours ; ou si cela est trop lent et trop... horrible, je... " J'aiderai la bête boiteuse sur son chemin. Je pense que je serais justifié. C'est trop demander - vous le savez - d'être hissé à travers la vie comme un reste. "

Van Buren se leva, rapprocha sa chaise de celle de Hamilton et s'assit près de son ami. Toute nervosité l'avait quitté. Il était encore une fois cool, scientifique et professionnel ; mais avec tout cela il y avait la profonde sympathie et la compréhension d'un ami.

« Non, vous ne le ferez pas, » dit-il fermement ; "Tu ne feras rien de tel, et je vais te dire pourquoi tu ne le feras pas. Parce que ce n'est pas dans tes habitudes de jouer au lâche. C'est pourquoi. Tu dois aller jusqu'au bout. et prenez ce qui vient et faites tout comme le gars fort que vous êtes. Si vous pensez qu'il ne restera plus rien dans la vie, vous vous trompez. Vous pouvez être d'une grande utilité, vous pouvez faire beaucoup de bien. Vous aurez du temps, de l'envie et de l'argent. Vous pourrez vous déplacer, non pas aussi vite, mais aussi sûrement. Avec un bon serviteur, vous serez entièrement indépendant des traites de charité ou de pitié. L'argent a de beaux usages. Si vous étiez un pauvre diable qui n'avait pas un sou au monde et qui dépendrait du service réticent des autres, je souhaiterais peut-être que vous acceptiez et supportiez, mais je ne pourrais pas vous y inciter. utile aux autres. Vous pouvez donner, aider et bénir. Vous pouvez être un plus grand héros que l'homme qui a gravi la colline de San Juan, et il y a ceux qui le ressentiront.

"C'est-à-dire que mon argent est nécessaire, et parce que je l'ai, je devrais traîner des années de misère pendant que je répands de petits cataplasmes financiers sur les maux des autres", répondit Hamilton. "Non, merci ; ce n'est pas assez bien. Ils peuvent quand même avoir l'argent. Cela peut être amputé avec le profit de toutes les personnes concernées. Je le laisserai aux hôpitaux et aux foyers pour les démunis, en particulier pour l'humanité fractionnée - les restes nécessiteux. Mais je refuse absolument, une fois pour toutes, d'accepter le noble avenir que vous avez esquissé. Je vous l'accorde, ce serait héroïque. Mais avez-vous déjà entendu parler d'un grand héroïsme sans aucun stimulant pour le susciter ?

Il leva la main tout en parlant et la baissa d'un geste définitif. En tombant, il est tombé sur la petite lettre. Machinalement, ses doigts se refermèrent dessus.

Son garçon ! Son courageux petit garçon qui n'avait pas bronché ni pleuré, parce qu'il voulait être comme le capitaine Hamilton. Que penserait *il* lorsque la vérité lui serait révélée dans des années, comme cela devrait se produire. Que penserait-elle maintenant, la mère qui était heureuse que son fils « aime et admire un homme courageux » ? La petite missive a été un stimulant.

Hamilton se tourna de nouveau vers Van Buren, réprimant d'un petit hochement de tête le discours impétueux qui se précipitait sur les lèvres de ce gentleman.

"Attends juste un instant," dit-il pensivement. Il se pencha en arrière et ferma les yeux, et ce faisant, la scène familière des mois passés apparut soudain devant eux : la vieille pièce étrange et étrangère, la grande cheminée avec ses bûches flamboyantes, la mère, le garçon aux cheveux bouclés. Sa vie a toujours été solitaire, se dit Hamilton. Rares sont ceux, pathétiquement peu nombreux, à sa connaissance, qui seraient affectés par sa continuation ou sa fin. Mais la *manière* dont cela se terminerait, c'était une autre affaire. Cela pourrait toucher des individus partout dans le monde par son exemple tragique pour d'autres âmes désespérées. Pourtant, il n'était pas leur gardien. Quant à Charlie...

Ah, *Charlie !* Charlie, avec son culte du héros enfantin mais total ; Charlie, avec sa bougie allumée ; Charlie, avec son amour et sa confiance de petit garçon, on raconterait à Charlie une petite histoire et Charlie l'oublierait bientôt. Mais – que penserait Charlie de lui un jour, quand la vérité éclaterait – Charlie qui, à cinq ans, pouvait serrer les dents et supporter stoïquement la douleur parce que son héros le faisait ! Parce qu'il était « son garçon ! » L'esprit de Hamilton revenait sans cesse à ce problème et s'y attardait. Non, il ne pouvait pas décevoir Charlie. D'ailleurs, Van Buren avait raison. Il y avait du travail, un travail honorable à accomplir. Et avoir du courage, ne serait-ce que pour garder intact l'idéal d'un petit bonhomme courageux, pour maintenir son activité utile, était quelque chose de digne d'un homme ferme. Souhaitrait-il que son garçon sombre alors que la pression contre la bonne chose était écrasante ?

Il déposa la lettre doucement, délibérément, se tourna vers son ami et sourit comme Van Buren ne l'avait pas vu sourire depuis leur ingénue enfance. Il y avait cette douceur dans le sourire que l'hommage à la femme nous fait qualifier de « féminin », et un peu aussi dans la façon dont il posait la main sur l'épaule de son copain.

"Très bien, vieux os de scie," dit-il lentement. "Vous pouvez faire tout ce qui doit être fait. Je ferai face à la situation. Déconstruire un homme peut en construire un autre."

VI

LE RAYON DE SOLEIL DE LA COMMUNAUTÉ

Miss Clarkson regarda le petit garçon, et le petit garçon regarda Miss Clarkson avec des yeux ronds et sans cligner des yeux. Dans le regard de la femme se trouvaient de la sympathie et un étonnement perplexe ; le regard de l'enfant n'exprimait qu'un détachement calme et complet. Subtilement, mais sans équivoque, il réussit à donner l'impression qu'il regardait cet objet humain devant lui parce qu'il se trouvait dans son champ de vision, mais qu'il n'y trouvait aucun intérêt, ni aucune bonne raison d'assumer un intérêt qu'il ne ressentait pas : que si, en effet, il était conscient d'une quelconque émotion, c'était de la nature d'un désir vaguement naissant que l'objet se retire, cesse de fermer la vue depuis l'unique fenêtre de la pièce de l'immeuble qui était sa maison. Mais cela n'avait pas vraiment d'importance. Déjà, au cours de ses sept années de vie, le petit garçon avait décidé que rien n'avait vraiment d'importance, et son petit visage sombre et sinistre, aux rides profondes et peu enfantines, témoignait de la force inébranlable de cette conviction. Si l'objet préférait rester... Il s'installait plus fermement sur la chaise branlante qu'il occupait, croisait les pieds avec un soin infini et continuait à regarder l'objet avec des yeux qui avaient l'expression invariable avec laquelle ils affrontaient les incidents de la vie, qu'ils soient ceux-ci. les incidents étaient la réception d'une banane des mains de Miss Clarkson ou, comme cela s'était produit une demi-heure auparavant, le spectacle de sa mère décédée transportée en bas des escaliers.

Ce n'était pas un regard stupide ; c'était à la fois intentionnel, antipathique et impersonnel. Sous lui, maintenant, son objet éprouvait un moment de véritable embarras. Miss Clarkson n'était pas habituée au regard indifférent des yeux humains et, dans son travail philanthropique au sein des immeubles, elle avait connu un certain succès auprès des enfants. Ils semblaient toujours l'apprécier, l'accepter ; et si le charme incontestable de son visage, de sa tenue vestimentaire et de son sourire ne parvenait pas à les convaincre, Miss Clarkson n'hésitait pas à recourir à l'aide de petits cadeaux, de jouets, et même au pouvoir pernicieux des pièces de monnaie. Elle a bien fait, mais elle l'a fait à sa manière. Elle était jeune, riche, indépendante. Elle aidait les pauvres parce qu'elle les plaignait et voulait les aider, mais ses méthodes étaient uniques et n'en étaient pas moins suivies sereinement lorsque, comme cela arrivait fréquemment, elles entraient en conflit avec toutes les notions admises de la philanthropie organisée.

Elle venait dans cette pièce presque quotidiennement, se souvenait Miss Clarkson, depuis qu'elle y avait découvert la femme russe démunie et son enfant un mois plus tôt. La mère mourait de phtisie ; l'enfant était négligé et affamé – et pourtant tous deux avaient un air indubitable de naissance, d'élevage ; et le français de la mère était aussi parfait que les manières exquises qui attiraient d'Anne Clarkson, dans le misérable appartement, sa plus grande déférence et sa plus grande courtoisie. L'enfant aussi avait des reflets polis. Ponctuellement, il ouvrait les portes, plaçait les chaises, s'inclinait ; minutieusement, il se levait quand la dame se levait, s'asseyait quand la dame s'asseyait, répondait à ses demandes de petits services avec calme et appréciation. Et (c'était là le problème) chaque fois qu'elle venait, apportant dans son sillage généreux les réconforts qui allègeaient le triste voyage de sa mère dans un autre monde, il la recevait avec l'air de celui qui salue courtoisement un étranger ou, au mieux, de celui qui cherche un souvenir insaisissable alors que l'on observe un visage à moitié familier.

Avec obstination, Anne Clarkson avait persisté dans ses attentions envers eux deux. La mère était reconnaissante, cela ne faisait aucun doute. Sous les soins de l'infirmière fournie par Miss Clarkson, sous l'influence de la nourriture, des médicaments et des soins, elle sortit de l'apathie dans laquelle sa nouvelle amie l'avait trouvée. Mais jusqu'au bout, elle conserva quelque chose de l'insensibilité de son fils et d'un manque de communication qui le qualifiait d'héréditaire. Elle ne parlait jamais d'elle, de ses amis ou de sa maison. Elle n'a fait aucune dernière demande, n'a laissé aucun dernier message. Un jour, alors qu'elle regardait son garçon, ses globes oculaires dégageaient une pellicule d'humidité. Miss Clarkson interpréta correctement ce phénomène et dit doucement :

"Je veillerai à ce qu'il soit bien soigné." La malade la regarda longuement, puis hocha la tête.

"Vous le ferez", répondit-elle. "Vous n'êtes pas de ceux qui promettent et ne tiennent pas. Vous êtes très bon, vous avez été très bon envers nous. Votre récompense devrait venir. Elle ne vient pas toujours à ceux qui sont bons, mais elle devrait venir à vous. Vous devrait se marier et avoir des enfants, quitter ce terrible pays et être heureux. »

Ces mots impressionnèrent Miss Clarkson, car, comme elle se le rappelait maintenant, c'étaient presque les derniers que prononçait sa protégée. Elle les considérait comme excessivement antimodernes et tout à fait déplacés sur les lèvres de quelqu'un dont l'histoire d'amour s'était terminée par une désillusion.

Eh bien, c'était fini. La mère était partie. Mais l'enfant est resté, et son avenir, du moins son avenir immédiat, doit être décidé ici et maintenant. D'un mouvement agité, Anne Clarkson se pencha vers lui. Dans son abstraction, elle avait détourné son regard de lui pendant quelques instants, et il avait profité de l'intervalle pour examiner sans passion le bout des nouvelles chaussures qu'elle lui avait offertes. Il leva les yeux maintenant et rencontra son regard avec la singulière insensibilité qui semblait être sa note.

"Nous partons, Ivan", dit-elle, parlant avec cette gaieté artificielle pratiquée si universellement auprès des faibles et des jeunes. "Mère est partie, tu sais, et nous ne pouvons plus rester ici . Nous allons à la campagne, dans un endroit magnifique où il y a des fleurs, des oiseaux, des chiens et d'autres petits garçons et filles. Alors va ta casquette, chérie."

Ivan ne parut pas impressionné, mais il se leva avec une obéissance instantanée et traversa la pièce jusqu'à son placard solitaire. Sa petite silhouette avait l'air très soignée dans le nouveau costume qu'elle lui avait acheté ; elle remarqua à quel point il se comportait bien. Ses préparatifs pour le départ étaient d'une simplicité humoristique. Il ôta sa casquette de sa épingle, la mit sur sa tête et lui ouvrit la porte pour le précéder dans l'abandon total de sa « maison ». Plus tôt dans la journée, Miss Clarkson avait présenté à des voisins satisfaits les meubles et les vêtements de la morte, en prenant la précaution de les faire fumiger dans une pièce vide de l'immeuble. Dans le même élan, elle avait donné à une vieille Irlandaise alitée quelques petits objets qui avaient apaisé les derniers jours du Russe : une petite lampe de nuit, un plateau de lit, etc. L'équipement d'Ivan, composé uniquement des objets qu'elle lui avait elle-même donnés, avait été emballé dans l'unique petite malle étrangère de sa mère, dont le contenu jusque-là, observa Miss Clarkson, était une icône au cadre pittoresque. De lettres, de souvenirs, d'indices d'aucune sorte sur l'identité de la mère et du fils, il n'y en avait aucun. Elle était sûre que les noms qu'ils lui avaient donnés étaient des faux.

Raideur, Ivan attendait près de la porte ouverte. Miss Clarkson jeta un dernier regard méthodique autour de la pièce démantelée et en sortit, l'enfant la suivant. En haut des escaliers , elle tourna brusquement la tête, une soudaine curiosité s'emparant de son esprit. Est-ce qu'il regardait en arrière ? elle se demandait. Est-ce qu'il montrait une quelconque émotion ? En a-t-il ressenti ? Il semblait si horriblement mature – il *devait* comprendre quelque chose de ce que signifiait ce départ. A-t-il, par hasard, eu besoin de réconfort ? Mais Ivan était à ses côtés, ses yeux noirs et sombres regardant droit devant lui, ses nouvelles chaussures craquant fraîchement alors qu'il descendait les marches branlantes. Miss Clarkson soupira. Si seulement il était joli, pensa-t-elle. Il y avait toujours des femmes sentimentales prêtes et disposées à adopter un bel enfant. Mais même la mère d'Ivan l'aurait déclaré pas joli. Il était simplement petit, sombre, étranger, réservé et horriblement autonome. Ses cheveux noirs étaient parfaitement raides, ses lèvres dessinaient une ligne droite sur son visage. Il n'avait ni fossettes, ni boucles, ni les grâces et les charmes attrayants de l'enfance. Il avait sept – sept décennies, pensa-t-elle presque, avec un soudain élan de pitié pour lui. Mais il avait une qualité d'enfance : l'impuissance. A cela, au moins, la Communauté à laquelle elle avait finalement décidé de lui confier répondrait sûrement. Elle prit sa petite main dans la sienne alors qu'ils atteignaient la rue, et après un mouvement instinctif de retrait, comme le battement effrayé d'un oiseau, il la laissa rester là. Ensemble, ils marchèrent jusqu'au coin le plus proche et attendirent l'arrivée d'un tramway, la chaleur d'un soleil d'août flamboyant sur eux, les odeurs étouffantes du quartier d'habitation remplissant leurs narines. Des petits garçons grossiers et à moitié nus se moquaient d'eux et faisaient des remarques désobligeantes sur les nouveaux vêtements d'Ivan ; une petite fille lui sourit timidement ; un misérable chien jaune lui claqua les talons. A ces attentions variées, l'enfant jetait le même regard tranquillement observateur, un regard sans rancune comme sans intérêt. Miss Clarkson éprouvait un sentiment d'impuissance totale en le regardant.

"Connaissez-vous la petite fille, Ivan ?" elle a demandé, en anglais.

"Oui madame."

"Est-ce que tu l'aimes?"

"Non, madame."

"Pourquoi pas ? Elle avait l'air d'une gentille petite fille."

Il n'y a eu aucune réponse. Elle a réessayé.

"Es-tu fatigué, chérie?"

"Non, madame."

"Es-tu heureux de partir à la campagne et de t'éloigner de la ville chaude et sale ?"

"Non, madame."

"Tu préfères rester ici ?"

"Non, madame."

La qualité du négatif était la même dans tous les cas.

Miss Clarkson l'a abandonné. Lorsqu'ils montèrent dans la voiture, elle tomba dans un silence déprimé, qui dura jusqu'à ce qu'ils atteignent la gare Grand Central. Là, après avoir envoyé plusieurs télégrammes et acheté leurs billets, et s'être installée confortablement côte à côte avec ses protégés sur le siège du fond d'un wagon-salon, elle essaya de nouveau une conversation animée et adaptée à l'intelligence des jeunes.

« Connaissez-vous le pays, Ivan ? » demanda-t-elle avec sympathie. "Es-tu déjà été là pour voir l'herbe, les vaches et le ciel bleu ?"

"Non, madame."

"Vous les aimerez beaucoup. Tous les petits garçons et filles aiment la campagne et y sont très heureux."

"Oui madame."

"Aimes tu jouer?"

"Non, madame."

« Est-ce que tu aimes… regarder des livres d'images ?

"Non, madame."

"Qu'aimez-vous faire?"

Il n'y eut pas de réponse. Miss Clarkson gémit intérieurement. N'était-il qu'une petite machine monosyllabique ? L'enfant regardait avec des yeux calmes le paysage new-yorkais traversé par le train. Son patron ouvrit le nouveau roman dont elle s'était volontiers pourvu, se plongea dans ses pages, et se laissa reposer en l'oubliant un moment. Il était assis à ses côtés, immobile, observateur, continuant à faire preuve d'une patience infinie.

« Il devrait être planté sur les sables égyptiens », réfléchit un jour Miss Clarkson en le regardant. "Il ferait un cher petit frère pour le Sphinx." Elle arrêta un garçon de train qui passait dans le wagon et lui acheta une petite boîte de chocolats, qu'il mangea sans interruption, un peu comme la petite aiguille d'une horloge marque les secondes. Plus tard, elle lui présenta une copie d'un papier photo. Il examina ses illustrations avec une attention studieuse pendant cinq minutes, puis posa le papier sur le siège à côté de lui. Miss Clarkson s'est de nouveau enfuie dans son roman, se demandant combien de temps la pure négation pourrait susciter l'intérêt.

Dans la petite gare où ils descendirent du train, la tension de la situation était légèrement amoindrie. Une petite femme potelée, avec un visage rond et rose, des yeux bleus perçants et très directs et des cheveux gris vifs, dirigea adroitement un gros poney jusqu'à l'asphalte et les salua avec une joyeuse simplicité.

"Montez", dit-elle vivement après une brève poignée de main avec Miss Clarkson. "Il y a beaucoup de place dans le phaéton. Nous en emportons parfois cinq. J'étais très tenté d'amener deux des enfants; ils ont supplié de venir rencontrer le nouveau garçon; mais il m'a semblé préférable de ne pas le brusquer au début, n'est-ce pas?" Vous savez, j'ai donc laissé Joséphine hurler derrière le tas de bois, et Auguste Adolphus s'étrangler vaillamment avec un verre de limonade destiné à le réconforter.

Elle rit pendant qu'elle parlait, mais ses yeux bleus observaient le garçon avec appréciation alors qu'elle le plaçait dans l'espace entre elle et Miss Clarkson. Il s'était tenu casquette à la main lors de la rencontre entre les dames ;

maintenant il remit sa casquette sur sa tête, fixa ses yeux noirs sur la queue agitée du gros poney, et resta submergé sous les vêtements d'été envahissants des deux femmes. Mme Eltner , présidente de génie de la Colonie de la Fraternité du Lotus, a échangé un regard éloquent avec Miss Clarkson alors qu'elle démarrait le poney le long du ruban sinueux de la route de campagne. Le cœur du New-Yorkais s'éclaira. Elle avait une confiance infinie dans les mains potes et compétentes qui tenaient les rênes ; elle les croyait égaux à tout, même à la tâche embarrassante de guider la jeune carrière d' Ivanovitch . Mme Eltner bavardait encore.

"Eh bien", a-t-elle déclaré en réponse à la question de Miss Clarkson, "ils se portent si bien que Fraulein von Hoffman en est désespérée. Elle a de nouvelles théories qu'elle a hâte d'essayer lorsqu'ils sont malades, mais tout au long de l'année, elle n'a pas réussi à les appliquer. "Je n'ai pas eu une seule chance. Chaque enfant béni est d'une robustesse flamboyante. Mon Dieu ! Pourquoi ne devraient-ils pas l'être ? Au soleil de huit heures du matin jusqu'à six heures du soir. Ils suivent leurs cours dans une petite maison d'été couverte en plein air. , leurs repas dans un autre, et ils dorment presque en plein air. Ils sont dix maintenant - en comptant votre garçon" - elle fit un signe de tête en direction d'Ivan inconscient - " quatre filles et six garçons. Aucun des parents ne s'en mêle. Ils Nous dormons dans le dortoir avec Fraulein, elle leur apprend quelques heures par jour, et le reste du temps nous les laissons seuls. Fraulein m'assure que l'influence sur leur âme en développement est merveilleuse. Mme Eltner rit confortablement. "Tout cela n'est qu'une expérience", poursuivit-elle plus sérieusement. "Qui peut dire comment cela va se terminer ? Mais une chose est sûre : nous avons retiré ces pauvres restes des rues de New York, et nous les avons au moins rendus sains et heureux au début. Le reste viendra plus tard."

"Une réussite", a reconnu Miss Clarkson. "J'espère que vous aurez autant de succès avec mon petit protégé. Il n'est pas en bonne santé et je doute qu'il ait jamais connu un moment de bonheur. Peut-être qu'il ne pourra jamais l'accepter. Je ne sais pas, il m'intrigue."

Son amie hocha la tête et ils continuèrent leur route en silence. C'était presque le coucher du soleil lorsque le gros poney se tourna vers un portail ouvert menant à une grande maison coloniale blanche, dont les larges vérandas abritaient des hamacs, des fauteuils et une grosse petite fille endormie sur un paillasson. Sur la vaste pelouse devant la maison, un vieil homme était confortablement assis dans un fauteuil de jardin, observant avec une approbation tranquille les efforts d'une jolie fille coiffée d'un large bonnet de soleil qui désherbait un parterre de fleurs près de lui. Par la fenêtre ouverte d'une pièce lointaine retentit le son d'un piano. A gauche de la maison se pavanait un paon solitaire, la queue déployée vivant dans les derniers rayons du soleil. L'effet du lieu était délirant « intime ». Les yeux légèrement distendus, Ivan observa le monstrueux oiseau, tournant la tête pour suivre sa progression tandis que le phaéton faisait le tour de l'allée et s'arrêtait devant la large porte d'entrée. Les deux femmes échangèrent à nouveau des regards.

"Absolument la première preuve d'un intérêt humain", remarqua Miss Clarkson avec une solennité feutrée. L'autre sourit avec une confiance tranquille. « Cela viendra », prédit-elle ; "Tout ira bien. Nous faisons des merveilles avec eux ici."

Alors qu'ils entraient dans la vaste salle, un groupe pittoresque se désintégra brusquement. Une Allemande élancée, grande, aux cheveux gris, légèrement courbée, se détacha d'une masse environnante de mains, de bras et de jambes enfantines, salua précipitamment Miss Clarkson, qu'elle désapprouvait plutôt, et tourna les yeux allumés avec intérêt vers la maison. nouvelle réclamante pour ses ministères. Casquette à la main, Ivan la regarda. Mme Eltner les a présentés brièvement.

"Votre nouveau petit garçon, Fraulein", dit-elle, "Ivan Ivanovitch . Il parle anglais, français et russe. Il va adorer son nouveau professeur et ses nouveaux petits amis, et être très heureux ici."

Fraulein von Hoffman se pencha et embrassa la surface glaciale de la joue pâle d'Ivan.

" Mais oui, s'écria-t-elle, c'est sûr qu'il sera heureux. Nous sommes tous heureux ici, tous, tous. Il aura sa place, ses leçons, ses petits devoirs... mais, hélas, il est si jeune ! Il est le plus jeune d'entre nous. Pourtant, il doit avoir son devoir. Elle vérifia son anglais rapide pour une explication courtoise à Miss Clarkson.

« Chacun a ses devoirs », dit- elle à cette dame, tandis que la file d'enfants prêtait un intérêt poli à ses paroles, les buvant apparemment la bouche ouverte. "Chacun de nous doit être utile à la communauté d'une manière ou d'une autre, si petite soit-elle. Tel est notre principe. Oui. La petite Joséphine arrose chaque jour les fleurs de la salle à manger, et elles s'épanouissent avec gratitude pour la petite Joséphine - eh bien, comme elles fleurissent." " Auguste Adolphus tient le coffre à bois rempli. C'est à Henri qu'il incombe d'arroser les plantes du jardin, et Henri n'oublie jamais. Il en va de même pour les autres. Mais Ivan... Ivan est très jeune. Il n'a que sept ans, dites-vous. ... Oui, oui, que faire à sept heures ?

Son anglais rapide et approximatif cessa à nouveau tandis qu'elle observait l'enfant, ses sourcils blonds froncés en une profonde réflexion. Puis son visage maigre s'éclaira soudainement.

"Ach", s'écria-t-elle avec enthousiasme, "j'ai une inspiration ! Il est encore trop jeune pour travailler, ce petit Ivan, mais il aura sa tâche, comme les autres. Il sera notre petit rayon de soleil. Il rira et jouez et rendez-nous heureux.

Avec une impulsion hystérique commune, Miss Clarkson et Mme Eltner tournèrent la tête pour éviter de se regarder, la première faisant un effort désespéré de maîtrise d'elle-même alors qu'elle regardait sévèrement à travers une fenêtre près d'elle. Ce n'était pas drôle, cette chose, se rappela-t-elle sévèrement ; c'était trop horrible pour être drôle, mais il ne faisait aucun doute que le choix d'Ivan Ivanovitch comme le rayon de soleil joyeux et omniprésent de la communauté de Locust Hall était légèrement incongru. Lorsqu'elle put se faire confiance, elle lui jeta un coup d'œil. Il se tenait comme auparavant, son petit visage vieux et peu enfantin tourné vers l'Allemande, ses yeux noirs fixés sans hésiter sur ses yeux gris. Sous ce regard, l'expression de Fraulein changea. L'espace d'un instant, il y eut une expression de perplexité sur son visage, de doute sur la sagesse du choix de sa mission pour ce nouveau venu insolite, mais elle disparut aussi vite qu'elle était venue. Avec une sérénité retrouvée, elle s'adressa à lui et à son entourage.

"Mais il n'a pas besoin de commencer ce soir", ajouta-t-elle gentiment, "pas quand il est fatigué. Il mangera, il se reposera, il dormira. Puis demain, il prendra sa place parmi nous et sera le petit." rayon de soleil. Oui, oui, pensez à la distance que le rayon de soleil doit parcourir ! » » murmura-t-elle, inspirante.

Miss Clarkson s'agenouilla devant le garçon et le prit dans ses bras. L'acte était spontané et sincère, mais en l'accomplissant, elle se rendit compte qu'aux yeux de l'Allemand, et même à ceux de Mme Eltner , cela semblait théâtral. C'était une des choses que Fraulein von Hoffman désapprouvait chez elle : cette tendance aux moments d'émotion.

"Bonne nuit, Ivan", dit-elle. "Je vais rester jusqu'au matin, alors je te verrai à ce moment-là. Dors bien. Je suis sûr que tu seras un petit garçon heureux dans cette agréable maison."

Les yeux insondables d'Ivan Ivanovitch se tournèrent vers les siens.

"Bonne nuit, madame", dit-il doucement. Puis, alors qu'elle s'apprêtait à se détourner, son petit visage prit un instant l'aube d'une expression. « Bonne nuit, madame », répéta-t-il plus faiblement.

Aussi léger que soit le changement, Miss Clarkson le comprit. Elle se tourna vers lui.

« As-tu le mal du pays, Ivan ? » demanda-t-elle avec caresse, presque avec amour.

"Voudriez-vous que je vous emmène à l'étage et que je vous mette au lit ?"

Fraulein von Hoffman interrompit son discours.

"Mais ils partiront tous !" elle a pleuré. " C'est leur heure. Il ne sera pas seul. Joséphine lui prendra la main ; Auguste-Adolphe ouvrira la marche. Ce sera une petite procession... eh bien, oui ! Et il soupera dans la crèche. "

Une petite fille de neuf ans, potelée et confiante, se détacha du groupe voisin et serra fermement la main d'Ivan Ivanovitch dans la sienne. Il la regarda stoïquement un instant ; puis ses yeux revinrent vers ceux de Miss Clarkson, qui s'était levée et l'observait attentivement. Il y eut un léger scintillement en eux alors qu'il répondait à sa question.

"Non, madame," dit-il gravement. "Merci, madame. Bonne nuit, madame."

Il s'inclina profondément, attirant la silhouette réticente de Joséphine surprise dans le salut. Un robuste garçon allemand de onze ans, aux yeux marrons vifs, se plaçait devant les enfants, les pieds battant la mesure, la tête très haute. "Marche en avant!" s'écria-t-il d'un ton clair et enfantin. Joséphine triomphante obéit à l'ordre, entraînant sa charge après elle. Ainsi convoyé, un compagnon en tête, un autre tirant, les autres le suivant avec de nombreux rires joyeux, Ivan Ivanovitch monta se coucher. Sa vie de rayon de soleil de la communauté avait commencé.

Le lendemain matin, Fraulein von Hoffman rencontra Miss Clarkson dans le hall et tourna vers elle un regard gris et inquiet. Miss Clarkson lui rendit son regard, son cœur se serrant en le faisant.

"C'est cet enfant", commença l'Allemand. « Il est intéressant... et même décourageant », ajouta-t-elle avec un soupir rafale. "Déjà, je le vois, ce que ce sera. Il ne parle pas, il ne joue pas. Il regarde toujours par la fenêtre, et quand on parle, il dit : " Oui, madame ", seulement cela. Ce matin, j'ai regardé pour voir. " Il est brillant et heureux, mais ce n'est pas le cas. Est-ce que son petit cœur se brise pour sa mère ? Est-ce... qu'il est toujours ainsi ? "

Miss Clarkson secoua la tête puis hocha la tête, formant ainsi inconsciemment le signe de croix. La combinaison semblait répondre aux questions de l'Allemand. Fraulein von Hoffman hocha également la tête, lentement et avec compréhension.

"Je ne sais pas ce que vous pouvez faire avec lui", a déclaré franchement l'Américain.
"Il est comme ça tout le temps. J'ai demandé à sa mère, et elle l'a admis. Je l'ai amené ici parce que j'espérais que les autres enfants pourraient l'égayer, et je savais que tu pourrais l'exciter si n'importe qui le pouvait."

Cet hommage, rare de la part de Miss Clarkson, a réjoui Fraulein von Hoffman. Son visage s'éclaira. Elle a commencé à reprendre confiance en elle.

"Ach, eh bien," dit-elle confortablement, "nous verrons. Nous ferons de notre mieux, oui, c'est certain. Et nous verrons." Elle s'éloigna après cette parole oraculaire, et Miss Clarkson alla prendre le petit déjeuner. Ainsi, ni l'un ni l'autre n'ont été témoins d'une scène qui se déroulait à ce moment-là sur la pelouse près de la véranda avant. Ivan Ivanovitch se tenait là, adossé à un pilier, entouré des autres enfants de la communauté . Au premier plan, en face de lui, se tenait Auguste Adolphe, s'adressant au nouveau venu avec un accent ferme et soulignant ses propos en agitant un index crasseux devant le visage indifférent d'Ivan Ivanovitch . Les tons aigus et positifs d'Augustus Adolphus remplissaient l'air.

"Eh bien, pourquoi ne le fais-tu pas ?" demandait-il avec férocité. "Tu *dois* le faire ! Tu *dois* le faire ! Fraulein le dit. Le reste d'entre nous doit faire le nôtre. J'ai déjà rempli mes caisses en bois et Josie a arrosé les fleurs. Nous l'avons fait tôt pour pouvoir te voir être un rayon de soleil. , et maintenant tu n'en es plus un. Pourquoi pas ? Tu *dois* le faire ! Pourquoi ne commences-tu pas ?" L'insensibilité persistante d'Ivan Ivanovitch l'irrita à ce stade et il se tourna avec enthousiasme vers les autres pour obtenir du soutien.

"' N'est- il pas obligé de le faire ?" il pleure. "' Ne doit-il pas être un rayon de soleil ? Fraulein a dit qu'il devrait commencer ce matin. Eh bien, alors, pourquoi ne commence-t-il pas ? "

Un bourdonnement enfantin de corroboration lui répondit. Il était évident que la mission d'Ivan, annoncée publiquement comme elle l'avait été la veille, avait profondément impressionné les enfants de la communauté. Ils se rapprochèrent des deux garçons. La petite Joséphine posa une main propulsive sur l'épaule d'Ivan et essaya de le pousser en avant, avec la vague idée d'accélérer ainsi sa tâche.

"Commencez maintenant", suggéra-t-elle d'un ton encourageant. "Fais-le et finis-en.
C'est comme ça que je fais."

En réponse à ce premier appel, les lèvres d'Ivan Ivanovitch s'entrouvrirent.

"Je ne sais pas comment faire", annonça-t-il distinctement. "Comment dois-je faire?"

Auguste Adolphus intervint de nouveau. "Oh, dis, continue", a-t-il insisté. "Tu *dois* le faire ! Pourquoi *pas* , alors ?"

Ivan Ivanovitch tourna vers lui un regard dans lequel l'expression habituelle de patience ne faisait que s'intensifier.

"Je ne sais pas comment faire", répéta-t-il, parlant lentement et péniblement. "Tu me dis comment, alors je le ferai."

Sous la force de cette contre-charge, Auguste Adolphus recula.

« Je… je… ne sais pas non plus, » marmonna-t-il faiblement. "Je pensais que tu   le   savais. Tu *dois* le savoir, parce que tu dois le faire."

Les yeux du petit Russe balayèrent le petit groupe, et s'attardèrent sur le visage rond de Joséphine.

"Tu me le dis, " lui dit-il. "Alors je le ferai."

Joséphine s'est montrée à la hauteur.

"Pourquoi, pourquoi," commença-t-elle, dubitative, " *Je* sais ce que c'est. Soyez un rayon de soleil, vous savez. Je sais ce qu'est un rayon de soleil. C'est un petit morceau de soleil. Il est long et brillant. Il transparaît. " La fenêtre et tombe sur le sol. Parfois, cela tombe sur nous. Parfois, cela tombe sur des fleurs. "

Lorsqu'on lui a proposé ce choix, Ivan a immédiatement exprimé sa préférence.

"Je tomberai sur des fleurs", annonça-t-il avec décision.

Les yeux marron d'Augustus Adolphus brillèrent alors qu'il saisit soudain les possibilités de la situation.

"Non, tu ne le feras pas non plus !" s'écria-t-il avec enthousiasme. "Vous devez tout faire ! Vous feriez mieux de commencer maintenant. Vous pouvez passer par cette fenêtre ; elle est ouverte." Il désignait, tout en parlant, une porte-fenêtre basse donnant du salon sur la large véranda. "Il le doit!" il a pleuré encore une fois. "' N'est- il pas obligé de le faire ?" Avec un cri unanime, l'assemblée déclara qu'il y était arrivé. Certains enfants savaient mieux ; d'autres non ; mais tous connaissaient Augustus Adolphus Schmidtt .

Sans un mot, Ivan se retourna, gravit les marches de la véranda, entra dans le vaste hall, pivota à gauche, traversa le salon, s'approcha de la fenêtre et tomba la tête la première. Il y avait quelque chose de profondément impressionnant dans le silence et la rapidité de son action, quelque chose de stimulant délirant pour les spectateurs dans le bruit sourd de son petit corps sur le bois inflexible. Un long soupir de bonheur fut poussé par le groupe d'enfants. Il s'agissait certainement d'un devoir nouveau, étrange, mais digne, sans doute, puisqu'il émanait de Fraulein, et sans aucun doute intéressant comme spectacle. Auguste Adolphus résolut à cet instant de s'occuper de ses affaires personnelles de bonne heure chaque jour, afin d'avoir un loisir ininterrompu pour se procurer de nouvelles chutes chez Ivan. Cet enfant avait désormais retrouvé ses pieds et époussetait méthodiquement la poussière de ses vêtements. Il y avait une bosse qui se développait rapidement au-dessus d'un œil, mais son expression restait inchangée. Joséphine s'approcha de lui avec des gargouillis joyeux. Son cœur était rempli de sympathie féminine, mais son âme restait intrépide. Elle était de cette espèce spartiate qui envoie ses fils à la guerre et leur organise une réception s'ils reviennent – de la victoire – sur leurs boucliers. Elle roucoulait en imitant consciemment les meilleures manières de Fraulein. "Maintenant, tu peux tomber sur des fleurs."

Sa victime la suivit sans résistance jusqu'à l'endroit qu'elle lui indiquait, et, arrivée, se jeta violemment sur un lit de capucines flamboyantes. Le groupe d'enfants enthousiastes et approbateurs se referma autour de lui alors qu'il se levait. Même Auguste Adolphus, tandis qu'il examinait l'épave qui restait, céda au fidèle dévouement d'Ivan à son rôle l'hommage d'un soupir envieux.

"Maintenant, vous pouvez nous tomber dessus", suggéra-t-il joyeusement. Avant que les mots ne quittent ses lèvres innocentes, Ivan avait fait son choix. L'instant d'après, l'air était plein de bras, de jambes, de casquettes et de cheveux.

« Laisse-moi y aller ! » » cria Auguste Adolphus, luttant sauvagement contre la force insoupçonnée et terrible qui l'avait soudainement assailli. "Laisse-moi y aller, je te le dis !"

La réponse d'Ivan vint à travers ses dents serrées alors qu'il plantait fermement un talon dans l'oreille gauche du jeune gisant. "Je dois me jeter sur toi", expliqua-t-il doucement, joignant l'action à la parole. "D'abord je tombe sur toi, puis je te laisse partir."

Il n'y avait aucun doute dans l'esprit des spectateurs que c'était la tâche la plus brillante et la plus réussie des tâches étranges et intéressantes d'Ivan. Ils se rassemblèrent pour le lui dire, tandis qu'Auguste Adolphus cherchait le dortoir pour les réparations nécessaires. Une des règles de la communauté était que les enfants devaient régler entre eux leurs petites disputes. Heureusement, peut-être, pour Auguste Adolphus, il trouva le dortoir vide et put retirer de sa personne les traces les plus évidentes d'un homme soulevé par son propre pétard. Pendant ce temps, Ivan Ivanovitch éprouvait une sensation nouvelle : l'émotion agréable provoquée par l'éloge des siens. Mais il ne montra pas que c'était agréable : il se contenta de regarder et d'écouter.

"Je trouve que tes nouvelles fonctions sont sympas", l'informa Joséphine en le regardant avec des yeux humides d'approbation. "Il faut le faire tous les jours", ajouta-t-elle avec gourmandise.

Ivan acquiesça, mais il y avait un doute au fond de lui. Cherchant de la lumière, il s'approcha de Fraulein von Hoffman cet après-midi-là alors qu'elle somnolait et tricotait sous un arbre abritant.

Il s'arrêta devant elle et la fixa de son regard sérieux.

"Est-ce qu'un rayon de soleil traverse les fenêtres ?" » s'enquit-il poliment.

Fraulein von Hoffman le considérait avec un manque d'intérêt somnolent.

"Mais oui, sûrement, parfois", a-t-elle admis.

"Est-ce que ça tombe toujours par la fenêtre, tous les jours ?"

"Mais oui, sûrement, si c'est au bon endroit."

Le rayon de soleil de la communauté soupira.

"Est-ce que ça tombe sur les fleurs et sur les garçons et les filles ?" il a persisté.

"Mais oui, ça tombe sur tout ce qui est à proximité."

Un air de surprise douloureuse se dessina sur les traits d'Ivan Ivanovitch .

"Toujours?" » demanda-t-il rapidement. "Toujours... ça tombe sur *tout* ce qui est à proximité ?"

Fraulein von Hoffman comptait placidement ses points de suture, confirmant par un soupir son soupçon qu'en somnolant elle en avait laissé tomber trois.

"Pas toujours", murmura-t-elle distraitement. "Mais non. Seulement quand le soleil brille."

Ivan emportait avec lui cette lueur de réconfort lorsqu'il partait, et il est fort possible qu'il aspirait à un monde sombre. Mais si, en effet, sa tâche quotidienne était difficile, comme cela se révélait souvent au fil des jours, il y avait des compensations : dans les jeux scolaires, dans la compagnie de ses nouveaux amis, dans la gentillesse de son entourage. Même Auguste Adolphus était parfois bon avec lui. Incontestablement, impénétrablement, Ivan s'imprégnait de l'atmosphère et accomplissait sa part du travail de la communauté tel qu'il le considérait.

Les théories de la communauté ont été systématiquement appliquées. L'été, après leurs quelques heures d'étude, les enfants étaient livrés à eux-mêmes. Ensemble, ils résolvèrent les problèmes de leur petit monde ; ensemble, ils discutaient, souvent avec une perspicacité étrange, des adultes qui les entouraient. Parfois, les tâches des autres étaient oubliées ; souvent, dans le stress du travail et des loisirs, la caisse à bois d'Auguste Adolphus restait inachevée ; Les fleurs de Joséphine n'étaient pas arrosées . Mais la mission d'Ivan en tant que rayon de soleil occupé et fatigant était accomplie régulièrement et systématiquement — tous les enfants y veillaient. Régulièrement, c'est-à-dire économiser les jours sombres. Ici, il a tracé la ligne.

"Fraulein dit que cela ne tombe sur les choses que lorsque le soleil brille", expliqua-t-il laconiquement, et il remplit sa mission en conséquence. Fraulein se demandait où il avait accumulé la collection choisie de bosses et de contusions qui ornaient sa personne ; mais il ne l'a jamais dit, et apparemment personne d'autre ne le savait. Mme Eltner s'émerveilla sombrement de la destruction de son lit de capucine préféré. Chaque jour, les hurlements étouffés d'Auguste Adolphe continuaient de déchirer l'air ambiant lorsque le rayon du soleil tombait sur lui ; mais il s'abstint de se plaindre, subissant héroïquement cet aspect désagréable du programme , afin que le reste ne soit pas réduit. Une fois, en effet, il s'était rebellé.

"Pourquoi ne tombes-tu pas sur quelqu'un d'autre ?" avait-il demandé d'un air boudeur. "Tu n'es pas obligé de me tomber dessus tout le temps."

La réponse du rayon de soleil était convaincante dans sa simple vérité.

"Oui," expliqua-t-il. " Fraulein l'a dit. Il faut qu'il tombe toujours au même endroit s'il est là. "

Auguste Adolphus fut réduit au silence. Il était effectivement là, toujours. Il était regrettable, mais semblait inévitable, qu'il contribue à ce divertissement quotidien si profondément apprécié de tous.

C'est, à juste titre, au moment de Thanksgiving que la mission d'Ivan en tant que rayon de soleil actif a pris fin. Il était engagé dans sa profonde méditation habituelle en présence de Miss Clarkson, qui était venue le voir et qui digérait en ce moment les informations qu'elle avait reçues, selon lesquelles pas une seule fois au cours de ses mois à Locust Hall on ne l'avait vu sourire. . Il est vrai qu'il semblait en bonne santé et content. Sa petite silhouette mince prenait rapidement du volume ; il était brun, les yeux brillants. En l'étudiant, Miss Clarkson remarqua une petite ecchymose sur son menton, une autre sur son front intellectuel.

"Comment as-tu obtenu ça, Ivan ?" elle a demandé.

Pour une raison quelconque, Ivan décida soudain de le lui dire.

"Je suis tombé par la fenêtre. Celui-là, je l'ai eu hier" - il l'a touché - " celui-là, je l'ai eu lundi ; celui-là, je l'ai eu la semaine dernière. " Il en révéla un autre qu'elle n'avait pas découvert, tapi derrière son oreille gauche.

"Mais tu n'es sûrement pas tombé par la fenêtre aussi souvent que ça !" haleta Miss Clarkson. Le petit garçon l'observait avec lassitude.

"Mais oui," murmura-t-il, en imitant inconsciente Praulein . "Je dois tomber par la fenêtre tous les jours quand le soleil brille."

Miss Clarkson le tenait à bout de bras et le regardait fixement.

« Au nom du ciel, *pourquoi ?* » demanda-t-elle.

Ivan expliqua patiemment. Miss Clarkson a écouté, posé quelques questions, a laissé place à un moment d'émotion incontrôlable. Puis elle rassembla les autres enfants et entendit de nouveau l'histoire. Il sortit tour à tour de manière décousue, mais de la manière la plus fluide, la plus pittoresque et la plus convaincante, des lèvres d'Auguste Adolphus Schmidt et de la belle Joséphine. Lorsqu'ils eurent terminé leur récit naïf, Miss Clarkson chercha Fraulein von Hoffman. Cet après-midi-là, près du grand feu ouvert dans la salle de jeux d'hiver des enfants, Fraulein von Hoffman s'adressa à ses jeunes protégés avec des mots brefs mais précis, et tandis qu'elle parlait, la mission d'Ivan à Locust Hall prenait une nouvelle signification, claire pour les plus ennuyeux. esprit.

"Vous avez été très cruel envers Ivan, très cruel ! Et il ne doit plus tomber nulle part, sur quoi que ce soit, vous comprenez", expliqua clairement l'Allemand. "Il n'a plus de tâches. Il n'est qu'à être heureux, et tu devrais l'aimer et prendre soin de lui, car il est si petit. C'est tout."

Ivan poussa un soupir de profond contentement. Puis il regarda autour de lui. Les grosses bûches des chenets flambaient joyeusement. Dans les mains de Joséphine , un popper à maïs s'agitait au-dessus d'eux, le maïs à l'intérieur brûlant sans qu'on la remarque tandis qu'elle prêtait l'oreille aux paroles sincères de Fraulein. Dix pommes, suspendues à des ficelles, se balançaient sur la cheminée et tournaient lentement en rôtissant. C'était une scène reposante et agréable aux yeux du petit Ivan.

Joséphine se sent appelée à défendre ses amis.

"Nous ne voulions pas être cruels", expliqua-t-elle avec sérieux, répondant à l'une des accusations de Fraulein qui l'avait le plus impressionnée. "Nous aimons Ivan. Nous l'aimons beaucoup. Nous aimons le voir comme un rayon de soleil, et nous pensions qu'il aimait l'être. Il n'a jamais dit le contraire."

Les visages de ses petits compagnons étaient tout autour de lui. Ivan les observa tour à tour. Ils l'aimaient beaucoup. Joséphine ne venait-elle pas de le dire ? Et hier encore, Auguste Adolphe jouait aux billes avec lui. C'était très bon d'être aimé, d'avoir un foyer et de ne plus être un petit rayon de soleil. Puis ses yeux rencontrèrent ceux de Miss Clarkson, fixés sur lui avec sympathie.

"Voudrais-tu partir, Ivan ?" » demanda-t-elle doucement. "Seriez-vous plus heureux ailleurs ?"

Les yeux d'Ivan s'écarquillèrent de peur soudaine. Avoir cela et le perdre ! — maintenant, si jamais il doit parler ! "Oh *non* ", s'écria-t-il sincèrement ; "non, *non* , madame !"

Rassurée, elle lui sourit et, ce faisant, quelque chose dans son regard, dans l'atmosphère, dans l'instant présent, ouvrit le cœur fermé du garçon. Il inspira longuement et lui rendit son sourire – un sourire timide, hésitant, inhabituel, mais très charmant sur son petit visage sérieux. Le cœur de Miss Clarkson fit un bond de triomphe soudain. C'était son premier sourire, et c'était pour elle.

"J'aime ça ici", a-t-il déclaré. "Je l'aime beaucoup, madame."

Miss Clarkson a eu des moments de sagesse.

"Alors tu resteras, mon garçon", dit-elle. "Tu resteras aussi longtemps que tu le voudras. Mais, souviens-toi, tu ne dois plus être un rayon de soleil ."

Ivan répondit par un mot – un mot simple et efficace, très utilisé par ses associés en réponse aux annonces agréables de vacances et de vacances, mais jusqu'ici inconnu sur ses lèvres. Il rejeta la tête en arrière et redressa les épaules.

"Hourra!" s'écria-t-il avec une profonde ferveur. Cela suffisait à Auguste Adolphe et à la belle Joséphine. "Hourra!" criaient-ils en duo jubilatoire : « Hourra ! Hourra !

Les autres se joignirent à eux. « Hourra ! s'écrièrent les neuf petits compagnons d'Ivan. Il les regarda un moment, sa bouche fine se contractant. Ils étaient donc heureux aussi qu'il reste ! Il se dirigea droit vers Miss Clarkson, enfouit son visage sur ses genoux et fondit en larmes. Pendant un instant, elle le serra contre elle, lissant sa tête noire d'une main tendre. Presque aussitôt, il se redressa et revint aux côtés de Joséphine, timide, honteuse, mais souriante à nouveau, un nouvel Ivan.

"Pourquoi as-tu pleuré ?" » demanda bêtement cette jeune dame. "Parce que tu te sens mal ?"

Auguste Adolphus répondit pour son ami, avec une perspicacité au-delà de son âge.

"Vous l'avez laissé tranquille", dit-il sévèrement. "Il ne pleure jamais quand il se sent mal ; *il* pleure seulement quand il se sent bien !"

VII

À LA MÉMOIRE DU RIRE D'HANNAH

Son nom était « Rastus Calhoun Breckenridge », il a annoncé le matin qu'il commençait ses nouvelles fonctions de concierge des appartements d'Adélaïde, et il a immédiatement fait comprendre aux locataires qu'aucune liberté ne devait être prise avec cela. Il préférait *tout cela* lorsqu'on s'adressait à lui dans une conversation ordinaire, leur expliqua-t-il, mais il n'avait aucune objection au titre « Mistah Breckenridge », lorsqu'ils se sentaient pressés. Cela intéressa tous les détenus de l'Adélaïde et, pendant quelques jours, en amusa étonnamment plusieurs, qui laissaient libre cours à leur imagination en utilisant des abréviations qui leur semblaient humoristiques. Leurs plaisanteries ont perdu de leur sens, par la suite, lorsqu'on a découvert qu'en aucune occasion "Mistah Breckenridge" n'avait répondu à leurs appels ni répondu à leurs demandes - alors que son service envers tous les autres était rapide, expert et phénoménalement parfait. Par la suite, les farceurs renoncèrent à l'indulgence de leur sens de l'humour et s'adressèrent longuement et avec plus de déférence au concierge, pour récolter leur récompense auprès de ceux dont les appartements étaient chaleureux, dont les demandes raisonnables étaient satisfaites, dont les couloirs étaient propres et dont les poignées de porte brillaient. tout comme le rare sourire de « Mistah Breckenridge » lui-même.

Il n'était pas nécessaire d'avoir des facultés d'observation inhabituelles pour découvrir qu'en tant que concierge, l'homme nouveau était le spécimen rare et parfait qui maintient en vie dans un monde froid la tendre plante de la foi. Bien avant que le soleil ne se lève, sa vadrouille et son balai occupés se faisaient entendre dans le pays, et le claquement de ses pantoufles, qui claquaient dans les couloirs alors qu'il effectuait sa tournée nocturne, était la berceuse des âmes dissipées qui « se retiraient » à onze heures. . Les résultats ont suivi avec une rapidité gratifiante. Des appartements vides depuis longtemps furent bientôt loués, et des voisins envieux vinrent contempler avec admiration l'Adélaïde et son génie qui le présidait, y voyant l'essence même de la propreté de la Nouvelle-Angleterre et en lui un petit « gemman de couleur » mince, nerveux et insignifiant . " qui regardaient au-delà de leurs visages avec une froide distance. Souvent, les voisins, passant devant l'entrée impressionnante, entendaient depuis les parties inférieures du bâtiment le son d'un rire aigu, se transformant rapidement en un gargouillis de contralto, puis s'élargissant en un long rire riche et velouté, aussi doux qu'un ruisseau. Personne ne pouvait entendre ce rire sans être ému. Il ondulait, il chantait, il s'éteignait et roulait à nouveau jusqu'à ce que l'auditeur le plus *blasé* sourie de sympathie et que les enfants dans les rues s'ébattent dans une joie insensée. C'était le rire d'Hannah... de *Mme* Rastus Calhoun Breckenridge, comme son mari prenait soin de l'expliquer ; et il oublia un jour sa dignité au point d'ajouter de manière expansive : "Nous avons le stifkit Ça s'est avéré efficace, Hannah et moi. On s'est fait foutre , *c'est vrai* mah'd , par un pahson .

Hannah – grosse, indolente, belle, de bonne humeur, assez grande pour faire deux petites personnes comme son mari – riait et gargouillait dans son rire fruité.

" C'est de mos' homme pahtickler », proposa-t-elle naïvement. Puis, voyant avec une perspicacité d'épouse les premières traces de tristesse sur le front de son seigneur, elle cligna de l'œil, trembla comme une méduse dans une nouvelle convulsion de sa mine inépuisable de gaieté, et disparut dans le bas. régions auxquelles, disait-on, son mari consacrait beaucoup plus de soins ménagères qu'elle. Habituellement, il préparait ses repas – et les siens. Invariablement, il nettoyait et balayait les sols.

Il n'était pas rare qu'il lavait et repassait. Mais quoi qu'il fasse et quoi qu'il soit, l'ondulation du rire facile de sa femme le suivait comme la vague dans le sillage d'un remorqueur soufflant ; et tandis qu'il écoutait, le visage affaibli de "Mistah Breckenridge" prenait l'expression d'un petit chien qui entend les pas de son maître à la fin d'une journée de traînée.

La vie pénible laissait à Rastus peu de temps pour la société de sa femme, mais de temps en temps, un dimanche après-midi, une apparition aux couleurs de l'arc-en-ciel apparaissait à l'entrée de l'Adélaïde, qui, une fois résolue en ses éléments, était reconnue comme "Mistah" et Mme Breckenridge habillée pour une promenade. Les chapeaux d'Hannah étaient richement rouges, sa robe d'un bleu éclatant et ses nouveaux gants en chevreau d'un jaune éclatant. Comme une automobile sur pneus, elle roulait dans la rue, tandis que, pas une mauvaise seconde – immaculée, silencieuse, crachée, froissée, coiffée d'un chapeau de soie, gantée et attachée de lavande – caressait son petit mari. Il parlait rarement et ne riait jamais ; mais rien ne prouvait qu'Hannah manquait ces attentions ; si elle le faisait, il y avait de nombreuses compensations, dont elle confiait une au cuisinier des Brown nouvellement mariés, au premier étage.

"' Rastus Je paie vraiment mes factures," murmura-t-elle, avec appréciation. Et puis, avec son rire onctueux, "Et ah, ça occupe cet homme en douceur!"

Il est fort possible que ce soit cela et ses autres occupations qui aient longtemps rendu "Mistah Breckemidge " apparemment inconscient d'une situation qui a profondément impressionné beaucoup d'autres. C'était la présence fréquente chez lui d'un autre « homme de couleur » – grand, brillamment vêtu, à la voix forte et joyeux – qui rendait visite à Hannah trois ou quatre fois par semaine et passait de nombreuses heures dans sa société stimulante. Parfois, son mari l'y trouvait, mais si cela le gênait , il n'en donnait aucune preuve. On remarqua aussi que les manières du visiteur étaient empreintes d'une certaine déférence envers son hôte ; il ne souhaitait évidemment aucun problème avec « Mistah Breckenridge ». De temps en temps, il emmenait Hannah se promener ; plusieurs fois, il lui apporta de simples offrandes de poulets et de melons, l'encourageant à leur consommation en y participant. Un soir, il lui offrit une boucle de ceinture en pierre du Rhin . Le lendemain matin, "Mistah Breckenridge" recherchait le jeune Haddon Brown, le nouveau marié, qui se trouvait être avocat et marié heureux. Sans préface ni excuses, Rastus en vint au fait. Il souhaitait divorcer d'Hannah. Il souhaitait qu'il soit acheté au prix le plus bas possible, mais l'économie ne devait pas empêcher qu'il soit fixé aussi fortement que le permettait la loi. Ses faits étaient soigneusement compilés. Il n'y avait aucune émotion sur son petit visage noir. A la porte, après que le jeune Brown eut promis de faire tout ce qu'il pouvait pour lui, "Mistah Breckenridge" fit une pause.

"Git it jes 'aussi vite que toi, Mistah Brown," suggéra-t-il, " foh Si tu ne le fais pas, j'ai peur qu'Hannah ne soit pas de retour mais reste, dis que le coup arrive. Hannah est parfois très soudaine, d'une certaine manière. » Avec ce dernier hommage à son épouse, il ferma doucement la porte et partit.

Au moment voulu, Haddon Brown remit à « Mistah Breckenridge » la preuve documentaire de sa liberté, et immédiatement après la réception, Hannah se leva, revêtit sa tenue la plus radieuse, poussa quelques éclats de rire d'adieu et partit, suivie de près par l'ami du famille, belle avec des chaussures en cuir verni, de nouvelles guêtres grises et une cravate assortie. Resté seul, Rastus réorganisa ses affaires domestiques, arrosa les géraniums qui fleurissaient aux fenêtres de son sous-sol, frotta, lavait, répondait aux cloches aussi scrupuleusement qu'autrefois, et chaque soir, lorsque le travail de la journée était terminé, enfilait ses plus beaux vêtements, huilés. ses cheveux froissés, et partit, revenant à temps pour son inspection habituelle des couloirs à onze heures.

Au bout d'un mois , il déposa un géranium frais à la fenêtre, acheta une généreuse provision de provisions, sortit habillé comme Salomon, et revint tenant dans une main la main d'une mariée rougissante et dans l'autre le " stifkit ". " signé du ministre nègre qui venait de les épouser.

Il n'y a pas deux êtres humains plus différents que l'ancienne et l'actuelle Mme Rastus Calhoun Breckenridge. La mariée était grande, mince, de couleur chocolat, sérieuse et travailleuse. Elle travaillait aussi régulièrement et infatigablement que son mari, et pour l'observateur le plus cynique, il était clair qu'elle l'aimait et l'estimait même à sa valeur. Elle lui préparait des repas appétissants, auxquels il rendait pleinement justice ; elle raccommodait ses vieux vêtements et veillait à ce qu'il en achète de nouveaux ; elle a économisé son argent ; et à la fin de l' année , elle lui présenta un petit fils gros et noir, sur lequel Rastus se penchait avec un émerveillement pathétique.

Lui-même avait commencé à grossir. Il a pris plus de chair au fil des trois années supplémentaires. Il semblait bien nourri, heureux et prospère. Il avait de l'argent en banque. Son salaire avait été augmenté deux fois et, un jour de Noël, les locataires enthousiastes de l'Adélaïde lui avaient solennellement offert une montre sur laquelle était inscrit son nom et la valeur de ses services. Son petit garçon s'épanouit, sa femme silencieuse l'adorait toujours. Le monde semblait bon à ' Rastus .

Un jour, un petit jeune noir qu'il n'avait jamais vu auparavant lui mit dans la main un sale message. C'était bref mais précis :

"Je suis sik . Venez à Sharty Hôpital . Il n'est pas duin alors pour moi. HANNAH."

"Mistah Breckenridge" a soigneusement placé le billet dans sa poche, a mis son chapeau sur sa tête et s'est rendu à l'hôpital de la Charité. Ce n'était pas difficile de trouver Hannah. Elle n'était pas là depuis longtemps, mais les médecins et les infirmières l'appréciaient et semblaient l'attendre.

"Elle est la vie du lieu", a déclaré l'un d'eux. "Elle a aussi beaucoup de courage et rit quand on lui fait du mal. Elle pense qu'elle va s'en remettre, mais ce n'est pas le cas."

Le petit visage rond de Rastus changea d'expression.

"Elle rigole tu meurs ? » demanda-t-il rapidement.

"Bien sûr", fut la réponse laconique.

"Dans combien de temps ?"

Le médecin hésita. "Dans environ un mois, je pense", dit-il finalement.

Rastus emporta le souvenir de ces mots dans la salle où elle reposait , et ressentit alors une réaction rapide. Mourir? Eh bien, c'était l'Hannah d'antan, la Hannah de sa jeunesse, la Hannah qu'il avait épousée. Elle était plus mince, mais les rides de son visage étaient estompées et ses grands yeux noirs le regardaient avec autant de confiance que les yeux d'un bébé. Elle rit aussi un peu – un fantôme du vieux rire gras et confortable ; mais il n'y avait rien de mort ni même de souffrance chez Hannah ce jour-là. Son esprit n'était pas encore renversé.

" Ahm, je suis vraiment contente de te voir, chérie, " dit-elle. "Ah je savais que tu jouirais."

Rastus s'assit sur la chaise en bois à côté d'elle et fixa sans ciller ses petits yeux noirs sur son visage . Dans ses mains, il tenait son chapeau, qu'il tordit d'abord nerveusement entre ses genoux, mais qu'il finit par laisser tomber par terre alors que son embarras passait. Appuyée sur ses oreillers, Hannah bavardait sans cesse, lui racontant les petits détails de sa vie à l'hôpital et les rares faits sur sa maladie qu'elle avait été autorisée à connaître.

"Je n'ai aucune douleur", lui assura-t-elle - "des maintenant, je veux dire. Bimeby hit'll cum, comme hit do ebery après-midi , mais doctah , il vient aussi, et il fera mieux d'être touché, à chaque fois. Il est vraiment bon avec moi, ce mec ! »

Ses dents blanches brillaient en un sourire tandis qu'elle parlait, mais les yeux qu'elle gardait sur le visage de l'homme avaient un curieux air d'émerveillement.

- elle finalement, " et tu as l' air bien. Comment se fait- il ? Vous avez tous des ennuis , n'est-ce pas ?"

Rastus lui assura précipitamment que non. Il ne mentionna ni sa femme ni son enfant, dont elle connaissait bien entendu parfaitement l'existence ; mais il s'étendit sur la gloire de sa position, l'importance de ses revenus et le don de la montre. Il sortit le dernier de sa poche tout en en parlant, et elle hocha fièrement la tête dessus et se vanta sans vergogne auprès de l'infirmière qui se trouvait par hasard à ses côtés.

"Ils ont donné ça à maman mari '", a-t-elle dit. Puis elle a mentionné avec désinvolture, avec toute sa vieille naïveté, " Les baux , il wuz mah mon mari ' oncet '.

"Mistah Breckenridge" a ignoré ce petit incident. Son esprit était tourné vers des choses pratiques.

"Tu as tout ce que tu veux, Hannah ?" Il a demandé. "' Caze hum vin tuh git hit foh yuh ef yuh n'est-ce pas ."

Hannah, qui semblait préparée à cette enquête, y répondit avec beaucoup de promptitude. Elle avait besoin d'un emballage, dit-elle, et d'un peu d'eau de Cologne, et de trois nouvelles chemises de nuit, et "un petit poussin . " " Rastus écrivit chaque article avec minutie et quelque peu ostentatoire dans une main adaptée au papier non ligné. Puis il s'inclina devant l'infirmière, toucha la main d'Hannah avec sa petite patte nerveuse et sortit au trot d'un air d'une grande importance.

Pendant plusieurs semaines, l'Adelaide fut presque négligé et les locataires, perplexes, cherchèrent en vain le concierge. Il était rarement à la maison, mais Dinah, les sourcils sombres, maussade, les paupières rouges et avec un air de souffrance sur son visage ordinaire, répondait à leurs demandes et faisait, dans la mesure de ses moyens, le travail de son mari et le sien. Elle ne donna aucune explication sur son absence, et la dernière explication qui aurait été acceptée était la vérité : jour après jour, "Mistah Breckenridge" était assis au chevet d'Hannah, lui parlant, l'encourageant, la soignant, la nourrissant avec le fruit qu'il lui avait apporté. Il avait presque remplacé l'infirmière ; et les médecins, surveillant les deux hommes, les laissaient faire ce qu'ils voulaient, sur la base de la triste théorie selon laquelle rien de ce qu'Hannah faisait ne pouvait lui faire de mal maintenant. Parfois, elle avait des heures de douleur intense, pendant lesquelles il restait près d'elle, lui tenant la main, la calmant et la soulevant encore de grande masse dans ses bras maigres avec une force inattendue. Dans ses meilleures heures, elle lui parlait, lui racontait des histoires sur les autres patients, des anecdotes d'infirmières et de médecins, et imitait plusieurs victimes malheureuses de la vie.

Il fallut six semaines avant qu'Hannah ne meure, très subitement et dans l'un de ses paroxysmes de souffrance. » Rastus était avec elle à la fin, comme il l'avait été pendant les dures semaines qui l'avaient précédé. Lorsqu'il comprit que tout était fini, il quitta la chambre, chercha un croque-mort, eut avec lui un entretien bref mais significatif, puis disparut de l'hôpital et de la ville également. Où il allait, personne ne le savait, même si Dinah, presque frénétique, s'efforçait distraitement d'apprendre. Le matin des funérailles d'Hannah , il revint et assuma un rôle de premier plan dans cette procession mélancolique, longtemps après appelée "de mos". de somptueux enterrements dans des cercles colorés. Rien n'avait été omis comme elle l'aurait souhaité. De grands panaches hochaient la tête sur le corbillard, de nombreuses voitures rassemblées dans les personnes en deuil et près du cercueil garni d'argent qui contenait tout ce qui restait d'Hannah. "Mistah Breckenridge" marchait d'un pas de plomb, son petit visage tiré par le chagrin. Par la suite, il tira la plupart de ses économies de la banque pour payer les factures et, les ayant payées, retourna une fois de plus à sa famille anxieuse et à la routine monotone de la vie à l'Adélaïde.

Dinah l'accueillit froidement et s'acquittait de ses fonctions la tête haute. Elle ne dit aucun mot de reproche, et ce n'est que plusieurs semaines plus tard qu'elle se rendit compte que « Rastus restait inconscient non seulement de son juste ressentiment d'épouse, mais aussi de la plupart des autres choses et émotions de la vie. Il faisait son travail, mais il mangeait peu et dormait moins, et la chair de ses années de prospérité semblait s'échapper de lui alors même que le spectateur surpris le regardait. Désespérée, Dinah chercha Haddon Brown et lui présenta l'affaire.

" Cet homme, je suis sournoisement Il va perdre sa main, sanglota-t-elle, s'il continue comme il le fait . Den qu'est - ce que c'est devenu entre moi et ça in'cen'chile ! " _

Rastus avec désinvolture et sans ostentation et ne fut pas satisfait de l'enquête. Les lèvres du concierge étaient tirées, ses yeux étaient vitreux, ses vêtements pendaient librement sur sa petite silhouette rétrécie. Il a fait son travail comme un mannequin enroulé à cet effet aurait pu le faire. Il n'y avait ni ressort, ni énergie, ni claquement. M. Brown a attendu quinze jours, s'attendant à un changement. Aucun venu, un dimanche matin, il exhorta Rastus à l'accompagner à la pêche, à emporter des appâts, à pêcher s'il le voulait et à se rendre généralement utile. Avec une tristesse constante, "Mistah Breckenridge" accepta l'invitation, et les deux quittèrent la ville derrière eux et recherchèrent la paix du bois, du ruisseau et du ciel large et dominant.

Lorsqu'il eut trouvé le coin ombragé qui lui paraissait le plus prometteur, le jeune Brown appâta son hameçon, le laissa tomber dans l'eau et se livra à d'agréables rêveries auxquelles le pauvre « Mistah Breckenridge » ne participait pas. Il l'avait gentiment amené ici pour se reposer, se changer, faire du sport et prendre l'air pur, se dit-il, mais on ne pouvait guère s'attendre à ce qu'il fasse davantage. Il bâillait, somnolait et surveillait sa ligne sans curiosité ; à côté de lui était assis « Mistah Breckenridge », tous les muscles de lui tendus et une lumière dans ses yeux qui n'était pas agréable à voir.

L'endroit qu'ils avaient choisi n'était pas rare dans les bois du Bronx, et par intervalles le son de voix humaines leur parvenait et les couleurs claires d'une robe de femme apparaissaient à travers les arbres. Tout à coup un rire leur parvint aux oreilles, un rire de femme ; léger, heureux, irrépressible. Le jeune Brown ouvrit un œil. Cela ressemblait au rire d'une gentille fille. Il regarda paresseusement dans la direction d'où il venait. Puis, tout près de lui, il entendit un bruit sourd, un gémissement. Son compagnon s'était couché de tout son long sur le sol, et il pleurait à grands sanglots haletants et arrachait les herbes par les racines. Brown le regarda consterné, surpris, sympathique, comprenant vaguement, mais repoussé par cette explosion non masculine. Il commença à parler, mais changea d'avis et attendit, les yeux de nouveau fixés sur le bouchon flottant de sa ligne.

« Mistah Breckenridge » cria longtemps, très longtemps même, parut-il au jeune Brown, mal à l'aise et totalement inhabitué à de telles démonstrations. Puis il se redressa, se ressaisit et tourna un visage déformé vers le jeune homme qui avait été pour lui un si bon ami.

"Vous savez tous, M. Brown, ah, bien sûr, j'ai honte", dit-il doucement, "mais ah, je me sens mieux, et ah, je suppose que le coup m'a fait du bien. Ah, j'avais l'impression que je pourrais tuer quelqu'un quand nous venions, ouais, mais ah je ne me sens pas différent maintenant.

Sa voix tomba dans le silence. Il arrachait sans cesse des pissenlits et des brins d'herbe autour de lui, mais son visage s'était détendu et il semblait calme.

Haddon Brown murmura quelque chose à propos d'une tension nerveuse, mais l'autre ne parut pas l'entendre.

"Frappez wuz "C'est Lady Laffin ", dit-il soudainement. "Vous savez tous comment Hannah utilise ça. " ouf . Mah, gracieux ! Ouais, tu pourrais hein cette femme à un kilomètre ! Et "tu sais," continua-t-il lentement, "le coup m'a fait beaucoup de bien, Mistah Brown, des pour heh hein. Ahm un homme silencieux , et ah doan laff beaucoup, mais j'ai aimé frapper Hannah, ah, je l'ai fait avec suttinly , très bien. Hit des a fait paraître ce vieux village joyeux comme un endroit joyeux - c'est effectivement le cas.

Brown n'a rien dit. Il n'y avait rien dans son esprit qui convenait parfaitement à l'occasion. "Mistah Breckenridge" a arraché quelques pissenlits supplémentaires de leurs tiges et a continué.

" Eh bien , quand cette femme m'a quitté - quand ma Hannah est partie - j'avais l'habitude d' aller toute la nuit à l'endroit où elle vivait, je voulais encore parler , hein, laff . Je resterais là dehors , et ' ah je verrais huh ombre sur de cutin , et ' den ah'd heh hein laff et laff lak , elle le faisait toujours, et puis... ah, je rentrerais à la maison ! Ah, c'est fait, tout ça, c'est vrai , Hannah m'a quitté . Dinah va bien. Ah , je ne me plains de personne à propos de Dinah. Ah mah, hein, c'est ah , c'était solitaire, et elle est vraiment une bonne épouse pour moi. Hum je vais au wuk foh huh dis à ah de récupérer tout l'argent dépensé pour Hannah. J'ai aussi touché l'argent de Dinah. Mais" - il éclata à nouveau avec un long gémissement soudain - "ah je dois voir comment ahm je vais continuer à vivre dans un monde whah dey il n'y a pas d'Hannah!"

Son chagrin prit de l'ampleur à mesure qu'il le laissait libre cours à sa volonté. Il se jeta de nouveau à terre et arracha les herbes de ses fines mains noires. "Oh, ah je veux, ah je veux, *ah je veux tuh hé mah Hannah laff encore !*" s'écria-t-il avec frénésie.

Un poisson a mordu l'appât sur l'hameçon de Brown, a changé d'avis, a flirté avec ses nageoires et s'est enfui à la nage – une preuve du proverbe sur les doutes. Un oiseau dans les branches de l'arbre au-dessus des deux hommes éclata en chant extatique. Mais ni l'un ni l'autre ne l'entendit. "Mistah Breckenridge" avait enfoui son visage noir dans l'herbe fraîche, ses larmes chaudes coulant dessus. À côté de lui, le jeune Brown, confronté à des conditions élémentaires, restait silencieux et réfléchissait longuement.

VIII

LA QUÊTE DE TANTE NANCY

C'est dans un compartiment étouffant d'un train de nuit approchant de Paris que Jessica et moi avons eu le privilège de voir tante Nancy pour la première fois. Son âge évident aurait sans doute bientôt attiré notre attention, et la bravoure avec laquelle elle portait ses quatre-vingts ans n'aurait certainement pas pu échapper longtemps à l'observation de deux étudiants aussi sérieux en humanité que nous croyions être. Mais ce qui attira immédiatement mon attention en elle fut son expression, un air d'une telle vivacité d'esprit, d'une telle vitalité si intense, que même dans la stagnation mentale qui accompagne les voyages de nuit, je me demandai ce qui, dans son environnement, pouvait l'expliquer.

La voiture miteuse dans laquelle nous étions assis était vaguement éclairée par une lampe à huile dont les rayons insuffisants mettaient en valeur le crâne chauve d'un Allemand endormi de notre côté du compartiment et le visage lourd d'une grosse Française. qui était assis en face de lui, à côté de la vieille dame sur laquelle je concentrais mon attention. Ce dernier, visiblement américain, les deux étrangers et nous-mêmes étions les seuls occupants du compartiment ; et certainement , l'apparence d'aucun de ses quatre compagnons de voyage ne justifiait l'intensité éveillée des bons vieux yeux qui rayonnaient maintenant sur nous à travers de lourdes lunettes cerclées d'acier. Pensivement, comme il convenait au vagabond fatigué, je m'émerveillais . Comment pouvait-elle paraître si vivante, si éveillée, si énergique, à une heure du matin ?

L'homme chauve continua de dormir. La grosse femme retira un peigne en coquillage de ses cheveux arrière et se prépara à un sommeil plus profond. Jessica présenta à mon regard endormi un visage qui implorait une sympathie tacite et exprima silencieusement une protestation contre le voyage en général et cette phase en particulier. Jessica, aux « heures encore petites », n'a jamais été vraiment gay. C'était vaguement réconfortant pour quelqu'un de ma nature sociable de se tourner d'elle vers la petite vieille femme en face de moi. En termes de silhouette et de tenue vestimentaire , elle aurait pu poser pour l'un des dessins de Leech représentant d'anciennes dames, tant elle était étrangement guindée, si précis dans leurs plis étaient son petit manteau noir et sa simple robe noire, si le large cadre de son visage ridé était efficace. bonnet noir qu'elle portait. Sur ses mains, modestement croisées sur ses genoux, se trouvaient des mitaines en dentelle noire. De plus, elle était enveloppée, pour ainsi dire, d'un léger arôme de menthe poivrée, dont la source était déjà légèrement distendue sur une joue fanée. Irrépressiblement, je lui ai souri, et aussitôt un long soupir de plaisir m'a traversé. Dans un geste de camaraderie spontanée, elle se pencha en avant.

"C'est un voyage vraiment confortable, n'est- ce pas ?" murmura-t-elle, si visiblement déchirée entre un désir passionné de parler et une considération pour les dormeurs que mon cœur se tourna vers elle.

"Eh bien, si vous parlez de ce voyage spécial…" J'ai hésité.

"Oui, je le fais", a-t-elle insisté. "Les sièges sont vraiment confortables. Tout l'est." Elle écarta ses mains mitaines avec un geste qui semblait souligner une demande d'approbation. "Je ne changerais rien. Certains disent qu'il fait chaud; je ne pense pas que ce soit le cas. Cela ne me dérangerait pas, cependant, si c'était le cas. Nous allons avoir une bonne potion."

J'ai regardé par la fenêtre ouverte le paysage français, baigné dans la gloire d'une lune d'août.

"Cela, au moins, est très satisfaisant", admis-je joyeusement.

Elle avait l'air un peu vide alors qu'elle regardait autour d'elle, et une étrange expression de responsabilité s'installait sur ses traits, brouillant leur éclat comme un voile.

"Je vois," dit-elle lentement. "Vous voulez dire la France. Oui, c'est beau, et il y a certainement beaucoup à voir là-dedans." Elle hésita un instant, puis reprit son cours plus rapidement. "Vous savez," continua-t-elle dans son murmure haut et sifflant, "c'est quelque peu différent avec moi de ce qui se passe avec vous. Vous pouvez parler français. Je vous ai entendu parler au chef d'orchestre. Et je suppose que vous" Je suis souvent venu ici, et c'est comme ça. Mais c'est la première fois *que je* viens en Europe. J'ai toujours eu l'intention de le faire, parfois, mais les choses ne se sont pas déroulées simplement pour que je *puisse* venir. Je suis ici, je ne peux pas rester longtemps, et je dois dire que j'ai un peu le mal du pays. Il y a tellement de choses à voir que ça me fait tourner la tête. Je viens dans un but, un but qui m'est propre, mais maintenant je ne le fais plus. "Je suis ici, je veux faire mon devoir et voir les choses. Je déclare", a-t-elle ajouté honteusement, "Je déteste vraiment m'endormir la nuit, j'ai tellement peur de rater quelque chose et d'en entendre parler quand Je rentre ."

Je posai une question conventionnelle, qui évoquait un récit détaillé de ses voyages. À ce moment-là, Jessica avait ouvert un œil ; les deux étrangers dormaient paisiblement. Elle avait débarqué à Naples, me dit la vieille dame ; et d'après ses remarques ultérieures, j'ai compris qu'elle avait trouvé les Italiens comme un peuple dépourvu des qualités admirables de propreté et de modestie. Elle déplorait également une surprépondérance des galeries d'art et la lenteur surprenante des indigènes à saisir les remarques intelligentes faites en langue anglaise. Mais à part ces défauts, elle avait trouvé l'Italie quelque peu intéressante, et elle mentionnait surtout la grotte de Capri et l'ascension du Vésuve. Elle ajouta nonchalamment que peu de ses compagnons de voyage avaient fait cette dernière excursion, car c'était juste après les éruptions les plus sévères, et l'air était plein de poussière et de cendres. Jessica ouvrit l'autre œil. J'ai commencé à ressentir un vif intérêt pour la conversation.

Rome, révéla-t-elle en outre, signifiait pour elle la Campagne et les Catacombes. Sur le premier, elle s'était promenée, et dans les entrailles mêmes du second, elle semblait s'être enfouie pendant des jours, poursuivant un dessein mystérieux qui lui était propre. Son moment préféré pour se promener sur la Campagna, et celui qu'elle s'arrêtait pour me recommander, était au crépuscule, l'endroit étant alors calme et paisible, du fait que les touristes, craignant bêtement la fièvre, s'en éloignaient après le coucher du soleil.

À ce stade, Jessica s'assit, disposa confortablement un oreiller derrière son dos et accorda toute son attention au monologue. Enfin , elle posa une question. La dame voyageait-elle seule ? La dame s'est empressée d'expliquer qu'elle ne l'était pas.

"Mon Dieu, non," dit-elle vivement. "Je suis un touriste, c'est comme ça qu'ils les appellent , vous savez, quand ils sont avec un homme. Ils sont dix-huit dans notre groupe, et l'homme qui nous emmène est M. James George Jackson. Il est vraiment sympa. Il est dans un des autres wagons de ce train, et " il y a avec lui trois messieurs qui nous appartiennent aussi. Tous les autres sont restés à Paris parce qu'ils étaient fatigués. Vous voyez, " a-t-elle ajouté pour expliquer, " nous avons fait Lourdes en deux jours, et nous avons pris notre temps à Paris. De toute façon, nous n'avons pas beaucoup de temps à Paris, alors nous sommes allés et sommes revenus le soir. Je suppose que les autres ont pensé que c'était peut-être pour essayer dans le chaleur, alors ils sont restés et sont allés à Fontingblow hier et ont remonté le Seen aujourd'hui. Mais j'ai vu la Forêt-Noire quand nous étions en Allemagne, et le Rhin aussi, et certains d'entre nous ont marché de Binjen à Cooblens . , donc nous pouvions très bien avoir la vue. Alors j'ai pensé que je laisserais tomber la rivière et la forêt des Français et que je verrais Lourdes à la place.

Jessica l'interrompit ici.

« Je vous demande pardon, » demanda-t-elle sincèrement, « mais… avez-vous vraiment voyagé deux nuits et fait du tourisme deux jours dans cette effroyable cohue de Lourdes sans dormir ?

Notre nouvel ami hocha lentement la tête, comme quelqu'un à l'attention duquel l'affaire venait d'être attirée. "Eh bien, oui, c'est vrai", concéda-t-elle.

"Mais je ne suis pas du tout fatigué. Les personnes âgées n'ont pas besoin de beaucoup de sommeil, vous savez, et je suis assez vieux. J'avais quatre-vingt-un ans en juin dernier."

Jessica laissa tomber son oreiller et se redressa très droite, une légère rougeur sur le visage. Notre nouvel ami bavardait jusqu'à ce que les lumières de Paris apparaissent au loin, et Jessica et moi avons commencé à rassembler l'impressionnante gamme d'obstacles avec lesquels nous avions pensivement multiplié l'inconfort du voyage. Pendant que nous déroulions des paquets de tapis et resserrions diverses sangles, les yeux brillants de la petite vieille femme nous regardaient inébranlablement à travers ses lunettes. Saisissant fermement un parapluie solide et utilisable, elle était prête à débarquer. Si elle avait apporté des bagages avec elle, ce dont je doutais, ils étaient évidemment confiés à la famille d'accueil de M. James George Jackson.

"Dans quel hôtel vas -tu ?" » demanda-t-elle soudain. "J'en connais un très bon."

Je lui ai dit que c'était le St. James et D'Albany , et son visage ridé est devenu radieux.

"Eh bien, maintenant, je le déclare", s'écria-t-elle de bon cœur, " ce n'est pas si gentil ! C'est une plaisanterie où nous restons , et je suis aussi confortable que possible. J'ai une chambre avec un fenêtre qui donne directement sur les jardins Twilry . M. Jackson dit que je dois avoir le meilleur d'eux , parce que je suis la plus âgée. "L'âge avant la beauté", dit-il, et "aucune des autres dames ne s'en soucie un peu. Elles sont certainement bons pour moi. Bien sûr, je ne dis pas que je n'aimerais pas un petit-déjeuner plus savoureux , parce que je le ferais; et je ne me suis pas habitué à ce que ce serveur vienne directement dans ma chambre avec ses plateaux avant de sortir de mon lit, et je ne m'y attendais jamais. Mais *c'est* un bon hôtel, et la dame qui le tient est vraiment sympa, si elle *est* française.

Le train entra dans la grande gare pendant qu'elle parlait, et un visage masculin rond, en sueur et très crasseux se présenta à la porte de notre compartiment.

"Eh bien, tante Nancy," dit le propriétaire de l'établissement avec un vif effort de gaieté, "vous êtes encore en vie ? Nous tous sommes morts. Venez avec moi maintenant, et je vous emmènerai à l'hôtel. dans un taxi. Et si tu suis mon conseil, tu te coucheras et tu y resteras deux jours, après cette expérience.

Il prit la vieille dame sous son bras pendant qu'il parlait, et elle partit au trot avec lui dans la plus grande bonne humeur, se retournant plusieurs fois pour nous hocher la tête et nous sourire en partant.

Le lendemain matin, à huit heures, j'ai été réveillé par Jessica, qui se tenait à mon chevet, me rappelant avec légèreté le devoir que je m'étais imposé d'aller tôt à la gare pour m'occuper des bagages, ce que nous avions omis de faire la nuit. avant. Mes réponses à cette suggestion, alors qu'elles retenaient l'attention stupéfaite de Jessica pendant cinq minutes, n'auraient ici aucun intérêt. Amèrement je me levai, à contrecœur et en bâillant je m'habillai. À neuf heures, je me tenais à l'entrée de notre hôtel, faisant signe , endormi, d'appeler un taxi, et déjà flétri sous la chaleur du soleil d'août. Pendant que j'attendais, un autocar de tourisme s'est arrêté au bord du trottoir. Il était magnifique avec sa peinture rouge et bien visible avec ses grandes pancartes portant l'inscription « A VERSAILLES ». Le chauffeur est resté sur le box. Le guide, visiblement présent pour rendez-vous et pile à l'heure, sauta sur le trottoir, jeta un coup d'œil à sa montre, referma la valise avec un signe de tête satisfait et resta les yeux rivés sur l'entrée de l'hôtel. Une petite silhouette noire s'avança, le salua d'un joyeux « Bongjure », et commença intrépidement la périlleuse ascension de l'échelle qu'il s'empressa de placer contre le côté de la voiture pour sa commodité. C'était tante Nancy, habillée comme elle l'était la veille, mais impeccablement soignée et reflétant sur son visage la luminosité du matin. Je la saluai, et dans sa joyeuse surprise de me revoir, elle resta suspendue entre terre et ciel pour me parler, révélant par hasard l'ensemble de deux guêtres utilisables, le petit volant d'un jupon d'alpaga et une longue partie plate de gris. -tuyau en coton rayé.

"Eh bien, eh bien," rayonna-t-elle. " N'est- ce pas sympa ? Oui, j'y vais . Le reste n'est pas encore prêt, mais je suis réveillé depuis cinq heures, alors j'ai pensé que je descendrais tout de suite et regarderais le car se remplir. Le les hommes ne le sont pas ils sont si fatigués, les pauvres chéris. Onri , mon serveur, dit que chacun d'entre eux est au lit. Mais certaines des dames qui ont remonté le Seen hier arrivent , donc je suppose que nous allons faire une très belle fête. Nous allons d'abord voir le palais et le Treenon , et ensuite j'irai à la foire du village. M. Jackson dit qu'une foire française est vraiment intéressante , mais ce n'est pas le cas. va dans '. Il a dit hier soir qu'il avait beaucoup de travail à faire dans sa chambre aujourd'hui, et il a deviné que nous ne le verrions pas avant le dîner. Savez-vous... — elle baissa mystérieusement la voix et jeta un regard inquiet autour d'elle tout en continuant — — Onri dit que M. Jackson dort à l'instant même, et qu'il est presque neuf heures du matin !

Ces révélations surprenantes furent stoppées par l'apparition de deux de ses compagnons de voyage, et je profitai de l'occasion offerte par cette interruption pour me lancer dans ma tâche peu agréable.

Nous n'avons revu tante Nancy que le matin de notre troisième jour à Paris, lorsque je l'ai croisée dans les galeries du Luxembourg. Elle était confortablement installée dans un siège rembourré rouge vif près de l'entrée principale, et sur son visage ridé se trouvait une expression de paix parfaite.

"Eh bien, je suis heureux de vous voir enfin vous reposer", fut mon salut.

"Oui, je me repose ", a-t-elle concédé. "Je le fais toujours dans les galeries d'art", ajouta-t-elle simplement alors que je m'asseyais à côté d'elle. "Ils ont ici les chaises les plus confortables qui soient, je pense, même s'il y en avait de belles à Florence aussi; et dans l'un des endroits de Rome, il y avait un long siège où l'on pouvait le plus s'allonger. J'y ai fait une très bonne sieste. Vous voyez, continua-t-elle en lissant un pli imaginaire d'un gant de dentelle, *de toute façon* , je ne m'y connais pas beaucoup en photos, mais je viens avec les autres, et quand je " Allez, je plaisante, je me repose en attendant qu'ils aient fini de les regarder . Je ne sais pas ce qu'est Michel-Ange et ce qui *ne l'est pas* , et il me semble qu'il est trop tard pour le savoir maintenant. "

Jessica apparut à ce moment-là, et d'autres révélations furent stoppées par des salutations, suivies presque immédiatement par notre départ à contrecœur pour respecter un rendez-vous. Mais avant de partir, nous apprenions que la journée à Versailles avait été suivie d'une soirée « dans un de ces cafés français où chantent les femmes », et que quatorze heures de visites à Paris même avaient dissipé l'ennui menacé du second. jour.

Tard dans la soirée, M. James George Jackson chancela aux côtés de Jessica dans le couloir de l'hôtel D'Albany et s'adressa à elle en s'essuyant le front.

"C'est la vieille dame", dit-il. "Tante Nancy Wheeler, vous savez. Elle m'a demandé de vous demander, mesdames, si vous ne voudriez pas nous rejoindre dans une promenade en voiture ce soir. Elle veut voir à quoi ressemble Paris la nuit. , et je dois lui montrer.

Il se balança nonchalamment contre un pilier lorsque nous eûmes accepté l'invitation et gémit en réponse à l'hommage de Jessica à l'activité de la vieille dame.

"Elle est très active," remarqua-t-il sombrement. " S'il reste quelque chose de *moi* après qu'elle ait réussi, ce sera parce que j'ai hérité d'une constitution de fer de ma mère. Elle a épuisé tous les autres hommes du parti il y a des semaines. Le pire, c'est que je ne le fais pas. Je sais pourquoi elle fait cela. Elle ne se soucie vraiment de rien ; j'en suis sûr. Mais elle a un objectif ; alors elle va du petit matin jusqu'au soir couvert de rosée, et bien sûr, quelqu'un doit l'accompagner ; nous Je ne peux pas la laisser se promener seule. D'ailleurs, ce dont j'ai peur, c'est qu'un jour, elle s'effondre en morceaux - comme le shay à un cheval du diacre, vous savez, et qu'il ne reste plus rien d'autre qu'un petit tas de vêtements en alpaga et de guêtres de congrès. Elle a usé six paires de guêtres depuis que nous avons commencé", a-t-il ajouté en gémissant. "Je sais, parce que j'ai dû les acheter. *Elle* n'a pas eu le temps." Il secoua tristement la tête en s'éloignant.

Jessica et moi avons fait des adieux émouvants à tante Nancy ce soir-là, alors que nous quittions Paris le lendemain. Pendant plusieurs semaines, nous n'avons plus entendu parler d'elle, mais en Ecosse, nous avons recroisé sa trace. Les Highlands étaient pleines de rumeurs selon lesquelles une vieille dame intrépide aurait « fait » les lacs et les Trossachs comme on ne l'avait apparemment jamais fait auparavant. Était-elle américaine ? Elle était. Quatre-vingts ans, vêtu de noir, avec un grand bonnet, des lunettes cerclées d'acier et des guêtres ? Tout était correct sauf les guêtres. Apparemment, l'offre de guêtres avait été épuisée par la demande constante. Elle portait des chaussures à semelles épaisses et, ajoute notre informateur, heureusement, des bas gris rayés. D'après les rumeurs de ses réalisations sur terre et sur l'eau, Jessica et moi avons regardé avec appréhension la surface de l'Écosse, craignant de la voir parsemée de bateliers, de guides et de chauffeurs épuisés ; mais apparemment toutes ses victimes avaient survécu, même si elles portaient en souvenir de leur expérience avec elle un air hagard et traqué que Jessica déclarait pouvoir détecter depuis le siège le plus haut du car le plus haut.

En dérivant à travers l'Irlande, nous avons entendu un autre écho de tante Nancy. Elle avait traversé à cheval le Gap of Dunloe , un exploit pas difficile en soi, et réalisé quotidiennement pendant la saison touristique de Kallarney par de vieilles dames de divers pays et croyances. Dans le cas de tante Nancy, cependant, il semblait qu'elle avait pu jouir de cette variété qui est un aspect si gratifiant de l'expérience humaine. Bien qu'elle n'ait jamais été sur le dos d'un cheval de sa vie, elle a infailliblement choisi comme monture le plus frais et le plus espiègle des poneys irlandais. Il semble en outre qu'elle a finalement été élevée sur la selle de cet animal à la suite d'un accord distinct entre M. James George Jackson et son guide selon lequel ce dernier monsieur devait non seulement accompagner la dame à chaque pied du parcours, mais qu'il devait entre-temps s'accrocher vaillamment à la bride à deux mains. Malheureusement, cet arrangement, si profondément satisfaisant pour tous, ne fut pas ratifié par le courageux poney irlandais ; le résultat fut qu'après que le guide eut été emporté par un soulèvement soudain et inattendu des pattes antérieures de l'animal, tante Nancy et le poney continuèrent seuls l'excursion. À en juger par les mots laconiques de l'un des observateurs, cela a dû être un spectacle passionnant pendant qu'il a duré, même s'il est passé trop rapidement au-delà de la ligne de vision nostalgique du spectateur.

"Vous ne sauriez pas dire", remarqua tristement ce gentleman en racontant l'accident, "qui était la bête et laquelle était la vieille dame, et laquelle était le Gap of Dunloe !"

Les poursuivants enthousiastes ne les ont pas « attrapés », comme le leur avait demandé le frénétique M. Jackson, mais ils ont été récompensés en trouvant diverses parties des vêtements de tante Nancy éparpillées le long du sentier. Articles : un bonnet noir, une cape, un mouchoir, une paire de lunettes cerclées d'acier. Apparemment, seuls les vêtements solidement attachés, tels que les chaussures et les mitaines à lacets, avaient survécu à l'expérience. Apparemment aussi, tante Nancy avait fait dans un silence presque ininterrompu sa passionnante randonnée en montagne. L'exception s'est apparemment produite quelque part dans la Vallée Sombre, où une montagnarde, la voyant passer, lui avait inconsidérément demandé de s'arrêter et d'acheter un verre de lait de chèvre. Le souvenir de la femme de la rencontre était un peu vague, celle-ci s'étant terminée si brusquement, mais elle gardait l'impression que tante Nancy avait exprimé un degré inhabituel de regret de ne pouvoir accepter son invitation.

'" Ce n'est que lorsque j'ai vu que le pauvre lapin était fou de frayeur, et que la vieille dame lui soufflait au-dessus des yeux, ajouta la montagnarde avec sympathie. "Et je ne pouvais rien faire , parce que , begorra, quand j'ai levé ma voix pour me dire au revoir, la vieille femme et le harce étaient à mi-chemin dans la vallée."

Heureusement, cinq ou six milles de ce rythme stimulant ont eu un effet désolant sur les esprits sauvages d'Hibernian du poney, avec pour résultat que lui et son cavalier se sont promenés d'un pas très calme dans l'espace où les chaloupes attendaient leurs passagers. Ross Castle, et où les membres restants du parti devaient se rencontrer. Les autres membres du parti, pour des raisons évidentes, n'étaient pas encore là ; et le long retard avant leur arrivée donna à tante Nancy le temps de remplacer les articles manquants de ses vêtements par des vêtements empruntés à la femme du stand de rafraîchissements et de prendre un copieux déjeuner. Ainsi rafraîchie, elle était prête pour le voyage de quatorze milles en barque jusqu'au château de Ross, qui était le prochain point au programme de la journée ; et elle y parvint cet après-midi-là, malgré les explications presque hystériques de M. James George Jackson.

Ce n'est que lorsque nous avons navigué vers l'Amérique que nous avons de nouveau regardé dans les yeux intrépides de tante Nancy. Elle fut la première passagère que nous vîmes lorsque nous atteignîmes le pont du Columbia, et sa joie lors de cette rencontre était aussi profonde que la nôtre. Nous avons discuté un moment, puis elle s'est précipitée pour saluer divers membres de son groupe dont des excursions secondaires l'avaient temporairement séparée.

La mer était d'un calme endormi , baignée d'un soleil brumeux d'automne. Des hommes et des femmes au cœur léger, vêtus de lin blanc et de costumes de flanelle pâle, se promenaient sur les ponts, s'expliquant les uns aux autres quels bons marins ils étaient et comment ils espéraient que la mer ne resterait pas monotone et lisse.

"On veut un peu de vie et de swing sur un bateau", expliquait un gros homme blond sur le visage duquel nous regardions déjà, sans le savoir, pour la dernière fois en sept tristes jours. Dans une unité, les passagers affluaient dans la salle à manger au premier appel pour le déjeuner. Par unité, ils consommaient tout ce qui figurait sur la facture. Tout n'était que paix et appétit.

Cet après-midi-là, la mer s'éveilla somnolente, se retourna et bâilla. Les vagues bleues du matin avaient disparu. A leur place se trouvaient d'énormes vagues noires et huileuses qui soulevaient paresseusement le *Columbia*, le maintenaient suspendu pendant une longue minute, puis, avec une lente et frémissante réticence, le laissaient tomber, descendre, descendre. Un intéressant jeune Écossais qui était assis à côté de Jessica sur le pont s'arrêta brusquement au milieu d'un hommage passionné au personnage de Robert Brace, la regarda un instant en face avec des yeux pleins d'une horrible peur et rejoignit en toute hâte un gros Allemand dans une course à pied animée jusqu'à la descente la plus proche. Un religieux anglais de la High Church , qui m'avait rencontré une demi-heure auparavant et s'était empressé de m'éviter de futurs chagrins en m'expliquant aussitôt qu'il était marié, se leva brusquement de sa chaise à côté de moi et vacilla avec incertitude jusqu'au bastingage, où il suspendu dans une attitude de résignation pathétique. Ainsi rappelés aux sombres réalités de la vie, Jessica et moi avons regardé de haut en bas sur le pont. C'était désert – désert à l'exception d'une petite silhouette noire qui trottait rapidement devant nous, s'agrippant de temps en temps à l'air vide pour se soutenir alors qu'elle était projetée d'un côté à l'autre du pont scintillant, mais joyeuse, intrépide et heureuse.

« Il faut que je fasse un peu d'exercice », haletait tante Nancy, tandis qu'elle s'allongeait un instant sur mes genoux, où une embardée du navire l'avait déposée ; "Alors je fais une petite promenade." Elle marchait encore lorsque Jessica et moi nous sommes retirés précipitamment vers notre cabine.

Les jours qui suivirent sont trop tristes pour être décrits par la plume la plus sympathique. La mer, émue jusqu'à ses plus profondes profondeurs comme elle ne l'avait pas été depuis vingt-cinq ans, ressentait farouchement la présence du Columbia sur son sein troublé. Folle, elle l'a chassée d'elle ; avec une trahison féline, elle la fit reculer et chercha à déchirer ses puissantes poutres. Gémissant, angoissant, courageux, le Columbia a tout supporté et s'est vengé sur ses passagers. Elle se dressa sur la tête et les envoya, pour ainsi dire, vers sa proue. Elle se leva sur sa poupe et les dispersa vers l'arrière. Elle resta immobile et frissonna. Elle s'est couchée sur le côté gauche jusqu'à ce qu'elle ait mis en péril l'activité cardiaque de chaque personne à bord ; elle se retourna sur le côté droit et partit vivement vers le fond de la mer. Elle se reprit, sauta de haut en bas à plusieurs reprises pour prouver qu'elle était toujours intacte et recommença. Pendant ce temps, les passagers, enfermés en bas et sévèrement sommés de rester dans leurs cabines, se tenaient fermement sur les côtés de leurs couchettes et priaient avec ferveur pour la mort.

Ni Jessica ni moi n'étions gravement malades, mais l'indifférence de Jessica à l'égard de la nourriture et des relations sociales était extrême. Allongée sur le dos dans la couchette en face de la mienne, elle restait couchée jour et nuit, les yeux fermés et une attitude rébarbative, ne se réveillant que le temps de repousser farouchement toute suggestion de nourriture. De plus, elle m'a fourni un souvenir impérissable. Par pur ennui, j'ai commandé et dévoré à midi le troisième jour une grande portion de boulettes de pêches cuites à la vapeur, avec une sauce dure. Le regard que Jessica jeta d'abord sur ce plat puis sur moi restera toujours, je pense, le trait dominant de mes rêves les plus troublés.

Pendant ce temps , je n'avais pas oublié tante Nancy, même si je suis sûr que Jessica l'avait fait. Cependant, sa cabine, bien que située sur le même pont que la nôtre, se trouvait à l'autre extrémité du navire, et j'avais de sérieux doutes quant à ma capacité à parcourir en toute sécurité la distance qui les séparait. Finalement, je l'ai tenté, et, mis à part les légers incidents où je me suis fait un œil au noir lors d'une diversion inattendue vers le rail, puis j'ai été violemment projeté contre le dos d'une hache clouée au mur, j'ai fait le passage en toute sécurité. Tante Nancy n'était pas dans sa cabine, mais un gémissement sourd venant de la couchette supérieure trahissait le fait que sa colocataire y était. De cette dame, je n'ai malheureusement pu extraire aucune information. Elle semblait avoir l'impression que j'avais été envoyé par miséricorde pour la chloroformer et sa déception concernant mon échec à jouer ce rôle de Samaritain était si amère que j'ai été obligé de me retirer de peur qu'elle ne dise des choses indignes d'une gentille femme.

Dans le long couloir, alors que je revenais à tâtons, quelque chose souffla vers moi comme un spectre venu de la mer. Elle portait un peignoir gris en laine, une petite mèche de cheveux blancs attachée de manière précaire avec une épingle à cheveux et une paire de pantoufles de chambre tricotées. C'était tante Nancy, et nous avons exécuté ici et là un pas de deux complexe dans nos efforts communs pour nous rencontrer. Finalement le Columbia cessa ses évolutions individuelles assez longtemps pour nous permettre de saisir le rail de passage.

"J'ai été dans votre cabine", expliquai-je, au-dessus du rugissement des vagues et du vent, alors que nous nous faisions face. "J'avais peur que tu sois malade."

Tante Nancy avait l'air presque peinée par un tel soupçon.

"Mon Dieu, non," désavoua-t-elle à la hâte; "Mais il y en a", concéda-t-elle. "Je suis allé voir - laissez- moi en voir - trente aujourd'hui - hommes et femmes. Le pauvre M. Jackson est à peu près le pire. Je n'ai jamais VU un homme aussi malade. J'ai acheté cette glace pilée pour lui, " ajouta-t-elle en regardant le verre qu'elle serrait contre son sein de sa main libre. "Je vous aurais surveillé", ajouta-t-elle gentiment, "si je n'avais pas été si occupée, mais j'ai entendu dire que vous n'étiez pas malade ni l'un ni l'autre."

J'expliquai avec un certain effort que je me sentais à l'aise tant que je restais immobile, mais que dès que je fus debout, le mouvement... Nous nous séparâmes précipitamment.

Le matin du sixième jour, Jessica se retourna dans sa couchette, ôta de sa colonne vertébrale une fourchette qui semblait être là toute la semaine, la regarda avec une forte défaveur et annonça brièvement qu'elle allait au-dessus. Nous sommes allés. Les ponts étaient encore mouillés et les transats étaient solidement arrimés. Le ciel était gris et bas, mais la mer s'était calmée d'un air maussade, ne montrant son ressentiment continu à l'égard de toute cette expérience que par le soulèvement d'une vague occasionnelle qui brisait la bastingage du navire et périssait à nos pieds. A mesure que les heures passaient, de pâles spectres apparaissaient aux portes des descentes, se soutenaient faiblement jusqu'aux chaises les plus proches, s'y enfonçaient et se voilaient les visages aux regards les uns des autres. Ils ressemblaient aux fantômes des hommes et des femmes heureux qui étaient montés à bord du Columbia six longs jours auparavant. Langoureusement, à mesure que les heures passaient, ils revivaient et se confiaient le simple récit du voyage. Non, ils n'avaient pas été malades. Il était en effet singulier de voir combien peu d'entre eux avaient été dérangés par le voyage, même s'ils avaient tous remarqué qu'il était difficile. Mais ils avaient été blessés en étant renversés ou éjectés de leur couchette, ou bien ils s'occupaient d'amis ou de parents malades. Plusieurs d'entre eux s'arrêtaient à mes côtés en allant et en revenant de leurs cabines pour se livrer à ces naïves confidences. Il restait cependant à tante Nancy à rendre le plus intéressant de tous.

Elle arriva sur le pont vers cinq heures de l'après-midi et se laissa tomber avec une sereine satisfaction dans le transat vide à ma droite. Elle était entièrement vêtue du noir inévitable, même jusqu'à son large bonnet. Avec un soupir de plaisir , elle croisa ses mains mitées et commença à parler.

"Ça a été vraiment intéressant ", a-t-elle déclaré. "Je dois dire que je suis vraiment désolé d'en avoir fini. Je veux retourner en Europe dans deux ans ; je n'ai pas vraiment beaucoup apprécié ce voyage ; mais quand je reviendrai, je pense que je l'aimerai mieux. , maintenant que je le sais. Mais bien sûr, à mon âge, on ne peut pas vraiment être sûr de pouvoir revenir.

Elle tomba dans le silence pendant un moment, regardant les mains avec des mitaines sur ses genoux. Puis son visage s'éclaira et elle se tourna de nouveau vers moi avec son ancien et vif empressement d'expression.

"Mais je ne sais pas pourquoi je ne devrais pas venir", ajouta-t-elle joyeusement. "Je vais vraiment bien. Avant de quitter la maison , j'étais un peu inquiet. Je ne semblais plus aussi fort qu'avant . C'est pour ça que je viens : pour me refaire une santé et être fort. Beaucoup de gens l'ont fait. Je me demandais pourquoi je venais, je suppose, et c'était tout, même si je ne l'ai dit à personne jusqu'à présent. Je suppose que je me suis amélioré aussi, car l'hôtesse de l'air m'a dit de ses propres lèvres ce matin seulement qu'elle pensait que je "J'étais une femme en bonne santé. Mais bien sûr", a-t-elle ajouté avec une humble humilité, "je ne peux pas faire ce que j'ai fait quand j'étais jeune".

J'étais sans voix. Le Columbia s'arrêta au sommet d'une vague, hésita un instant et continua sa route en chancelant. Les yeux remplis d'un contenu solennel, tante Nancy regardait la mer froide et humide.

IX

LA LUNE DE MIEL D'HENRY SMITHS

Lorsque Jacob West suggéra à Henry Smith que sa lune de miel devrait être passée à New York, le visage rouge de M. Smith pâlit devant l'audace des mots, et Miss Maria Tuttle, sa fiancée , eut le souffle coupé. Inconsciemment, ils se joignirent la main, comme pour mieux faire face ensemble au choc brutal du moment ; et assis côte à côte sur le banc rustique qui ornait la petite véranda de la ferme Tuttle, ils regardaient impuissants l'orateur. Lentement et avec la raideur de l'âge, Jacob s'assit sur les marches en dessous d'eux et leva les yeux vers leurs visages surpris avec un scintillement dans ses vieux yeux sombres. Sa jouissance du moment était intense.

"Pourquoi pas?" » a-t-il demandé, d'un ton cajolant et argumentatif. " N'es - tu pas assez vieux pour passer un bon moment ? N'as -tu pas attendu assez longtemps ? N'est -ce pas," il se tourna directement vers Maria, " tu as allaité ta pauvre mère pendant six ans et tu t'es habillé dehors, et tu n'as pas cousu jour et nuit pendant trois mois, depuis qu'elle est morte, tu es prête à épouser Henry ? Il poussa un long soupir de satisfaction devant le silence respectueux qui accueillait ces arguments adroits, et poursuivit avec une sympathie suppliante. "Ouais, c'est une bonne fille, Maria. Ils ne sont pas meilleurs à Clayton Centre. Ouais, ils méritent ce qu'il y a de mieux . Maintenant, sois bon envers toi- même et Henry. Laisse-le t'emmener à New York et te donner un bon du temps sur la tour de mariage .

Miss Tuttle rougit légèrement. Elle avait quarante-cinq ans et en paraissait dix de plus. C'était une petite femme fatiguée, épuisée, fanée, vidée de sa jeunesse et de sa vitalité par les exactions horaires de la mère invalide et critique qu'elle avait si récemment couchée dans le cimetière avec des larmes filiales et désintéressées. Mais il y avait quelque chose d'attrayant dans la douce patience de son visage maigre, et le regard dans ses yeux bruns alors qu'elle les tournait vers son fidèle amant d'âge moyen était l'un des atouts que son sexe jouait depuis qu'Eve l'utilisait pour la première fois pour l'accompagner. Adam à la porte du paradis. Dans son embarras, elle rit un peu, consciemment.

" Mebbe Henry ne veut pas y aller", commença-t-elle. "Il n'a rien dit à propos de
New York."

Henry se retourna brusquement jusqu'à ce qu'il lui fasse face sur le siège rustique.

"Allez ! Vous pariez que je veux y aller !" » éjacula-t-il avec ferveur. "Ne me contente pas de… tu paries que oui. Dis, Maria" - il fouilla nerveusement avec la main fine qu'il tenait toujours dans la sienne - "dis, allons-y."

Jacob West gloussa avec ravissement. "C'est ça le discours!" » cria-t-il, sa voix fine et aiguë prenant une note plus stridente dans son excitation. "C'est une blague, Henry ! C'est à toi de la faire ! Aucun de vous ne sera désolé, je cygne !"

Ils restèrent silencieux, réfléchissant, et le vieux se leva lentement et péniblement, avec une délicatesse instinctive lui disant qu'ayant fait sa part, il lui incombait de les laisser seuls pour résoudre par eux-mêmes la question qu'il avait soulevée. C'était difficile d'y aller, mais il y partit, riant en se souvenant de l'air excité sur leurs visages et en imaginant le débat animé qui suivrait son départ.

C'était une chaude soirée d'octobre et le petit village restait silencieux sous les premières étoiles. Un vent léger chantait une berceuse bourdonnante dans le bosquet de pins à l'arrière de la maison Tuttle, et quelques oiseaux tardifs gazouillaient endormis dans les arbres voisins. Inconsciemment, Maria exprimait le charme subtil de l'heure à laquelle elle parlait.

"Je ne sais pas , Henry," dit-elle avec persistance. "Je ne sais pas si j'ai envie d'y aller. On dirait que nous devrions nous contenter de rester ici, où c'est si calme et si reposant."

Ses yeux parcouraient avec amour les allées du jardin, s'attardant sur les arbres et les arbustes plantés par les mains de Tuttle, qui font désormais eux-mêmes partie de la terre. "Je suis tellement contente que tu viennes ici," soupira-t-elle joyeusement. "Je ne crois pas que tu saches encore à quel point je suis heureux, Henry, de ne pas quitter l'ancien endroit."

Il renonça à discuter de cet intérêt secondaire, déjà réglé entre eux.

"Ce sera aussi agréable à notre retour de New York", argumenta-t-il logiquement, " et aussi calme".

L'intellect féminin à côté de lui prit une autre tournure face à la mer d'incertitude dont le vieux Jacob l'avait entourée.

" Peut-être que nous ne pouvons pas nous le permettre", a-t-elle hasardé. "Les prix sont très élevés à New York, Henry. La fille de Joseph Hadley y est allée il y a quatre ans avec sa tante, et elle m'a dit de ses propres lèvres qu'ils devaient payer un dollar par jour pour leur chambre à l'hôtel, sans aucun repas. L'hôtelier voulait soixante-quinze cents chacun pour le dîner, alors ils le payaient une fois par jour et le reste du temps, ils allaient dans les salles à manger et mangeaient du lait et des crackers. Mais avec un dollar pour la chambre et un autre pour la chambre. " Un dollar et demi pour le dîner, les crackers et le lait en plus, ils ont dépensé près de vingt dollars la première semaine. Ils devaient rentrer directement à la maison et ils avaient l'intention de rester deux semaines. "

La forte mâchoire d'Henry Smith se contracta avec obstination.

"Je suppose que nous n'aurons pas besoin de rentrer à la maison avant d' être prêts", remarqua-t-il facilement, "et je suppose que nous prendrons nos trois repas par jour aussi. Je ne me vois pas manger sans lait et sans lait." " Crackers, ni toi, ni l'un ni l'autre. Je suppose que je " n'ai pas réussi à économiser " toutes ces années, avec une bonne entreprise de menuiserie, sans avoir " quelque chose " d'avance. Dis, " Ria " - c'était lui qui rougissait maintenant, sa ronde visage près du sien - "ouais, tu peux avoir tout ce que tu veux. Je suis tellement content de t'avoir enfin, je dépenserais tout ce que j'ai!"

Sa main fine répondit un instant à la pression de la sienne puis se retira timidement. Elle avait peu de mots à tout moment et aucun dans les moments d'émotion, mais il la connaissait et était satisfait.

« Tu es si bon, Henry », dit-elle enfin ; "Tu as été terriblement patient toutes ces années. Je suis inquiet, je préférerais rester ici n'importe où, mais si tu veux aller à New York, je—je—je veux faire ce que tu dis."

« Alors nous partirons, » dit-il doucement ; et la grande question fut réglée.

Lorsque M. et Mme Henry Smith arrivèrent à New York le soir de leur mariage, il est difficile de savoir lequel d'entre eux était le plus étourdi et effrayé par l'agitation et la confusion qui régnaient à la gare Grand Central. Maria avait au moins le soutien de la proximité de son mari pour la soutenir, et la tranquillité d'esprit relative de celui qui, bien que confronté à des conditions fâcheuses, est sans responsabilité personnelle ; mais Henry éprouvait, en plus de sa méfiance en lui-même, une peur nauséabonde de l'échec en sa présence. Il était conscient de deux pensées dominantes. Quoi qu'il arrive, il doit prendre soin de sa femme et repousser les avances d'agréables étrangers. Aussi, lui et elle doivent être transportés en hack jusqu'à l'hôtel qu'ils ont choisi, sans se séparer des années d'économies pour le trajet. Il avait entendu parler des extorsions des cochers. Il négociait âprement avec un indépendant trop zélé qui avait déjà saisi son sac à main et se dirigeait vers son taxi, devant les taxis moins chers fournis par la compagnie ferroviaire.

"Vous n'avez pas un cent de plus que deux dollars pour nous avoir emmenés, je peux vous le dire", annonça Henry Smith, fermement mais essoufflé, alors qu'il montait maladroitement dans le taxi après sa femme. L'hôtel datait des années cinquante et le cocher avait l'intention de facturer un dollar pour le trajet. Cependant, il protesta promptement contre l'offre de M. Smith, demandant anxieusement si le monsieur souhaitait que la famille d'un honnête cocher se couche sans souper. Il semblait que le monsieur était indifférent au sort de la famille du cocher.

"Vous le ferez pour deux dollars ou vous nous laisserez partir", fut son dernier mot. Comme vaincu par une force supérieure, le cocher céda, grimpa d'un air maussade sur son perchoir et, accordant un large et complet clin d'œil aux passants, se dirigea vers l'hôtel que son prix lui avait indiqué. Le moral de M. Smith s'est amélioré. De toute évidence, dans ce triomphe, il avait démontré son aptitude à affronter tous les autres monopoles écrasants de New York. Il sourit fièrement à sa femme alors qu'ils se dirigeaient vers Broadway, et sa confiance grandit lorsqu'il découvrit qu'il reconnaissait le Times Building au premier coup d'œil et qu'il pouvait également reconnaître l'Hôtel Astor par sa ressemblance avec la photo de celui-ci dans le Clayton Center Weekly. À un moment donné de leur progression vers le centre-ville, le taxi s'est retrouvé pris dans une cohue de véhicules et Mme Henry Smith a eu le privilège, pour la première fois de sa vie, d'écouter la conversation sans entrave des chauffeurs de taxi new-yorkais à l'occasion où ils se sont installés. leurs épaules morales face aux embouteillages, sachant que cela les aide, en tout cas. Elle frissonna et s'accrocha au bras d'Henry. Il n'était que trop évident qu'ils étaient dans le vortex de l'impiété, mais alors même que la réalisation de cela lui était portée par le discours ailé du conducteur, Mme Smith était consciente d'un frisson intérieur. C'était horrible, mais c'était la vie – pas la vie telle qu'elle était vécue à Clayton Centre, mais certainement une vie qui gagnait déjà en enthousiasme et en intérêt grâce à ce fait. Tendant inconsciemment son cou maigre plus loin par la fenêtre de la cabine, elle buvait avec une joie effrayante le rugissement et l'excitation de Broadway, les cris des chauffeurs, le bruit des tramways. Ses yeux fanés brillaient lorsqu'elle voyait les lumières brillantes de la grande artère dont les panneaux lumineux rencontraient son regard à chaque détour.

Arrivé à l'hôtel, le cocher accepta les deux dollars, jeta la malle de la mariée sur le trottoir et partit avec un empressement destiné à empêcher toute nouvelle discussion sur les tarifs. M. Smith remit son sac à main au chasseur qui tendait des mains impatientes pour le récupérer, saisit le bras de sa femme et, suivant son petit guide, se dirigea d'un pas ferme vers le commis de l'hôtel. Ce fut un moment éprouvant pour lui alors qu'il ramenait cette personnalité distante à son niveau, mais les détails étaient arrangés avec une facilité surprenante, à l'exception d'un si étrange manque de sympathie. Dès qu'il eut exprimé ses quelques et simples souhaits, il se retrouva, lui et sa femme, guidés vers un ascenseur et, avec une merveilleuse simplicité, mis en possession d'une chambre confortable au troisième étage. Ici, les stores furent baissés, un pichet d'eau glacée fut chaleureusement placé sur le support et un joyeux feu fut allumé dans le petit foyer. Face à cette dernière extravagance, la mariée hésita légèrement, mais Henry la fit taire avec sa simple grandeur d'insistance. C'était une fraîche soirée de novembre et il avait remarqué qu'elle frissonnait dans sa fine écharpe alors qu'ils roulaient vers la ville.

"J'ai juste l'intention de vous mettre à l'aise", annonça-t-il magistralement.

C'était une épreuve de descendre dîner une demi-heure plus tard, mais ils y parvinrent courageusement, marchant d'un pas raide dans la salle à manger bondée, et ne regardant ni à droite ni à gauche tandis qu'ils suivaient le maître d'hôtel jusqu'à leur place. La découverte qu'ils possédaient en exclusivité une petite table fut pour eux deux une joyeuse surprise qu'ils commentèrent librement. La délicatesse du linge, l'éclat de l'argent, la perfection du service et la douce lueur des bougies sous les abat-jour de soie remplissaient d'admiration leurs âmes simples de la campagne. Cela suggérait des dépenses insoupçonnées avec une saveur de méchanceté également. Au loin, dans une alcôve, protégé par des palmiers, un orchestre jouait avec une douceur attentionnée. M. Smith eut un grand sourire expansif et se pencha en arrière sur sa chaise. Le moment était parfait. Ses appréhensions étaient terminées pour le moment. Maria était avec lui, elle était à lui et il lui donnait tout cela. Un Astor ou un Vanderbilt pourraient-ils offrir plus à la femme de son cœur ? Henry Smith regarda la peluche et les dorures qui l'entouraient et lut sa réponse.

Il a vécu un réveil brutal. Un serveur silencieux se tenait à côté de lui, lui proposant un menu élaboré. Les lettres dansaient devant ses yeux tandis qu'Henry les regardait. De toute façon, que voulaient-ils dire et comment choisir ce que l'on voulait, se demanda-t-il. Ou peut-être fallait-il qu'on consomme tout avec grâce ? Son autonomie momentanée s'éteignit instantanément, et la peur nauséabonde de commettre une erreur sous les yeux de Maria l'envahit à nouveau. Un grand désir l'emplissait de paraître à son avantage, de bien faire la chose, quelle qu'elle soit. D'une inspiration soudaine, il se pencha vers le serveur.

"Dites," dit-il confidentiellement, "vous nous apportez deux bons dîners - le meilleur de tout ce que vous avez - et je vais arranger les choses avec vous." Il observa anxieusement le visage du serveur pendant qu'il parlait, son propre visage restant calmement respectueux.

« Très bien, monsieur ; certainement, monsieur, » dit promptement le domestique. « Des huîtres d'abord, monsieur, je suppose, et un peu de soupe de tortue verte ; un peu de poisson, peut-être… nous avons de très belles soles aujourd'hui, monsieur ; un oiseau… les perdrix et les tétras sont excellents, monsieur ; une salade et une glace. Du vin, monsieur ? Non, monsieur ? Oui, monsieur. Il était parti et M. Smith essuya son front en sueur. Maria le regardait avec simple amour et confiance.

"Je le déclare, Henry," murmura-t-elle, "tu fais tout ça juste si tu veux bien ." fais -le tous les jours de ta vie. Où as-tu appris ? »

M. Smith a fait un vague geste pour rejeter l'accusation, mais son visage brillait et il s'est assis plus droit sur sa chaise. Il n'osait pas se vanter, car il savait que des moments cruciaux allaient venir, mais jusqu'à présent il n'y avait pas eu de catastrophe et son courage grandissait à chaque exploit. Lorsque Maria regardait ses huîtres d'un air dubitatif et, les reconnaissant avec joie, se demandait tout haut pourquoi elles n'étaient pas transformées en ragoût au lieu d'être présentées dans cet état à moitié nu, il put, après un regard perçant sur les tables voisines, redressez-la avec une autorité facile.

"Ils les mangent de cette façon à New York", dit-il en en avalant un lui-même et en s'efforçant, avec un succès indifférent, de faire semblant d'aimer ça. Maria suivit son exemple, avec beaucoup de précaution et non comme quelqu'un qui s'aventure à une joie nouvelle. Son intérêt restait également vague lorsque la soupe et le poisson apparurent successivement. Cependant, lorsque la perdrix fut servie avec une sauce au pain et de la gelée de petits pois et de groseilles, l'expérience gratifiante d'avoir enfin « quelque chose de vraiment dans l'assiette » la poussa à une appréciation alerte, et elle commença à manger son dîner avec une expression naïve et soulagement de toute l'âme. Elle a pu faire remarquer à Henry, en guise de bavardage prandial, que l'orchestre jouait "Nancy Brown" - une chanson classique dont les notes avaient atteint même le Clayton Centre. C'est également à ce moment stimulant du dîner qu'elle se sentit pour la première fois privilégiée de retirer ses gants, de jeter un coup d'œil aux autres tables et aux vêtements des femmes et de parler librement à son mari. Jusqu'à présent, elle avait « conversé » sous la pression.

Le garçon, lui offrant une seconde portion de gelée, aperçut, brillant dans ses cheveux, plusieurs grains de riz. La découverte l'excita mais ne le surprit pas. Son air était plein d'intérêt paternel cinq minutes plus tard alors qu'il présentait une petite bouteille à l'inspection de M. Smith.

"Champagne, monsieur," murmura-t-il. "Pas trop sec au goût de la dame, monsieur.
Je pensais que vous voudriez un verre – une occasion spéciale, monsieur…"

Son éloquence s'éteignit sous le regard surpris de la mariée, mais le marié accueillit son heureuse suggestion avec une chaleureuse approbation.

"C'est une plaisanterie," dit-il chaleureusement. "Ça te fera du bien, Maria. Les médecins le donnent quand les gens ne vont pas bien, donc tu peux le prendre sans aucune crainte. Et je suppose que tu te sens plutôt bien, n'est-ce pas ?" » il sourit largement à cause de cet éclair d'humour.

Il fit signe au serveur de remplir son verre, et celui-ci le fit et se retira derrière elle pour accorder son attention courtoise à l'effet.

Ils burent leur champagne et une légère couleur apparut sur les joues pâles de Maria. C'était vraiment un endroit agréable, cet hôtel, décida-t-elle, et l'ameublement de cette pièce était tel que les palais pourraient s'en sortir en vain. Elle avait entendu parler de leurs gloires ; maintenant elle pouvait deviner quelles étaient ces gloires. Les voix des autres invités bavardant autour d'elle se mêlaient à la musique ; Clayton Center semblait très éloigné. Elle voyait enfin la vie .

Elle ne ressentit aucune gêne lorsqu'ils quittèrent la table. Ils se promenèrent lentement dans la salle à manger et sortirent dans le couloir bordé de palmiers sur les chaises moelleuses sur lesquelles de beaux hommes et des femmes magnifiquement habillées étaient assis et discutaient avec une volubilité et une aisance surprenantes. Intrépides, les nouveaux venus s'assirent côte à côte pour écouter de la musique et observer les êtres étranges de ce monde étrange. Ils étaient hors de tout cela, et même dans l'exaltation du moment où ils le savaient ; mais leur éloignement des autres ajoutait au charme de la soirée en les rapprochant. Ils se glorifiaient de l'occupation commune de leur petite île de bonheur. Ils restèrent longtemps là, car Maria ne pouvait pas être arrachée. La musique, les costumes et la beauté des femmes, les parfums délicats, le tintement fréquent des cloches, le va-et-vient pressé des chasseurs et des domestiques de l'hôtel, la fascinaient d'une manière indescriptible.

Le lendemain matin, M. Smith, se rappelant sévèrement le côté matériel de la vie, eut une brève mais riche conversation avec le commis. Lui et sa femme désiraient rester quelques jours à l'hôtel, laissa-t-il entendre, mais il serait bon, avant de faire leurs projets, d'examiner un peu la question des dépenses. Combien, par exemple, a coûté leur dîner d'hier soir. Il avait signé un chèque, mais sa mémoire était floue quant au montant. Son cerveau s'est ébranlé lorsque l'employé, après avoir vérifié, lui a donné les chiffres : 10,85 $.

"Bon dieu!" haleta M. Henry Smith. "Je suppose que nous ferions mieux d'y retourner aujourd'hui si ça va être TELLEMENT!"

Il était trop mou mentalement pour suivre pendant un certain temps les remarques du commis, mais la lumière l'éclaira peu à peu. Il pouvait désormais prendre des repas en table d'hôte , payant soixante cents chacun pour le petit-déjeuner et le déjeuner pour lui et sa femme, et un dollar chacun pour leur dîner. Cela ne coûterait que quatre dollars et quarante cents par jour pour tous les repas — et rendrait les factures d'hôtel beaucoup moins élevées que si l'on commandait par carte, à moins que l'on ne soit… euh… familier avec les prix. C'était aussi beaucoup moins de problèmes. M. Smith a compris le point et a généreusement serré la main du greffier. Son soulagement fut si grand qu'il exhorta ce jeune à prendre un cigare, et le jeune en retour lui donna volontairement des informations sur les points d'intérêt des étrangers à New York.

« Mieux vaut visiter la ville aujourd'hui », suggéra-t-il. "Faites simplement le tour et ayez une vue d'ensemble : Broadway, la Cinquième Avenue, les magasins et tout ça. Alors ce soir, vous feriez mieux d'aller voir la pièce. Je pense que vous apprécierez "Le Chat Blanc" autant que n'importe quoi d'autre. ".

Armé d'informations précises sur la route la plus directe vers Broadway, M. Smith chercha son épouse. Il la trouva dans le couloir, regardant les gens aller et venir, son visage maigre rougi et animé.

"Oh, Henry," s'écria-t-elle avec impatience, "je déclare que je passe un moment des plus intéressants ! Ces gens là-bas - vous savez, ceux qui ont la chambre à côté de la nôtre - ne se parlent pas depuis longtemps. petit-déjeuner. Pensez-vous qu'ils se sont disputés , les pauvres chéris ?

Il n'accordait qu'une attention superficielle aux « pauvres chéris », ses fonctions de futur cicerone remplissant ses pensées. Le visage de Maria s'effondra alors qu'il lui expliquait leurs projets pour la journée.

"Eh bien, si tu as envie d'y aller, Henry," dit-elle, dubitative, "mais c'est TELLEMENT intéressant ici. J'ai l'impression que si je connaissais tous ces gens. J'aimerais que nous puissions rester ici ce matin , de toute façon, et "Je ne suis pas encore sorti dans ces rues terriblement bondées."

Il s'assit à côté d'elle avec une rapidité qui provoqua un cri de surprise de la part d'un jeune homme absorbé qui lisait près d'eux.

"Alors nous resterons ici", annonça-t-il gentiment. "Nous sommes là, Ria, pour faire ce que tu veux, et nous allons le faire."

Elle lui lança un regard adorateur, et sous ce rayonnement, M. Smith oublia aussitôt les petites prétentions de Broadway. La Sibérie, avec Maria, aurait fleuri comme la rose d'Henry Smith, et les larges et joyeux couloirs du Berkeley étaient très éloignés de l'atmosphère sibérienne. Côte à côte et parfaitement heureux, ils passaient les heures de la matinée. Après le déjeuner, Henry a de nouveau abordé avec hésitation les visites touristiques.

"' Ce n'est pas loin," dit-il. Il consulta le formulaire d'itinéraire que l'employé lui avait donné et poursuivit longuement : « Nous prenons la ligne qui traverse la ville à la Cinquante-neuvième Rue, puis nous prenons une voiture de Broadway... »

Maria frissonna. "Mon Dieu, Henry," chevrota-t-elle, "ça a l'air terriblement mélangé.
J'ai peur que nous nous perdions."

L'âme d'Henry était pleine de sombres pressentiments, et il se félicitait intérieurement du répit que ses paroles lui donnaient.

"Eh bien, alors, ne partons pas," dit-il facilement, "de toute façon, avant demain. Nous avons tout le temps. Nous resterons ici, et ce soir nous irons voir un jouer."

Comme le matin, l'après-midi se passa doucement. Henry a découvert que le café de l'hôtel à droite de la salle de réception était un lieu de villégiature populaire pour les hommes invités de l'hôtel, et ses recherches sur leurs plaisirs l'ont conduit à une introduction à un cocktail de Manhattan. Il revint aux côtés de Maria, ardent converti à sa théorie selon laquelle l'hôtel était l'endroit le plus agréable de New York. Par la suite, alors qu'il dégustait un Martini, un ou deux hommes discutaient avec lui pendant un moment, lui procurant un délicieux sentiment de facilité d'association avec ses pairs. Maria, entre- temps , avait noué une agréable connaissance avec la femme de chambre et avait parlé librement avec plusieurs petits enfants. Ce fut à contrecœur qu'ils s'arrachèrent du couloir le temps d'entrer dîner.

Le dîner table d'hôte , servi dans une autre salle, était bien moins élaboré que le banquet de la veille, mais aucun des deux ne réalisa la différence. Bon en soi, c'était pour eux la perfection, et Maria reconnaissait presque comme de vieux amis les visages familiers des autres clients de l'hôtel assis aux tables autour d'elle. Quand la question du théâtre fut évoquée , elle fut visiblement glaciale.

« Nous y irons si tu veux, Henry, » dit-elle, « mais le groupe va jouer toute la soirée, et la bonne a dit que certains des jeunes gens étaient allés danser dans la petite salle de bal. tu n'aimes pas le voir ?

Henry a décidé qu'il le ferait. En fait, il n'avait aucune envie rageuse de voir une pièce de théâtre, et la perspective de piloter Maria en toute sécurité jusqu'au centre de la ville et chez lui était définitivement ardue. Il but un autre cocktail après le dîner, fuma un cigare avec un voyageur occidental, échangea de sages vues sur la politique avec ce monsieur et passa joyeusement le reste de la soirée aux côtés de sa Maria , à regarder les jeunes gens tourbillonner dans la petite salle de bal. Les plus heureux d'entre eux étaient tristes, en effet, comparés à Henry Smith.

Le lendemain matin, la voix joyeuse du commis l'accueillit alors qu'il sortait de la salle à manger.

« Où aujourd'hui, M. Smith ? » demanda ce jeune affable. « Et le concours hippique ? Vous devriez sûrement y jeter un œil. » Il écrivit sur une carte des instructions explicites pour arriver sur les lieux de cette diversion, et M. Smith, l'acceptant avec gratitude, se précipita aux côtés de son épouse. Il la trouva pleine d'un autre projet.

"Oh, Henry," s'écria-t-elle, " il va y avoir une conférence ici à l'hôtel ce matin , donnée par une dame qui a été au Japon. Tout l'argent qu'elle gagne pour les billets ira aux pauvres. Je suppose qu'elle le fera. demandez jusqu'à vingt-cinq cents chacun, mais je pense que nous ferions mieux d'y aller.

Soutenu par un cocktail et renforcé par la présence de sa Maria, M. Smith assista à la conférence, payant joyeusement deux dollars pour ce privilège, mais s'abstenant de refroidir la joie de sa femme en mentionnant ce fait. Dans l'après-midi, il aborda le Concours hippique. Le visage de Maria pâlit. Pour elle, cela signifiait une fête foraine exagérée, avec sa fatigue qui en découlait.

« Vas-y, Henry, » insista-t-elle. "Tu vas juste t'amuser. Je me sens trop fatigué, vraiment. Je préfère rester à la maison, ici, et me reposer. Nous ne sommes pas vraiment obligés de faire quelque chose que nous ne voulons pas, n'est-ce pas ? "

L'honnête Henry Smith, dont la journée de travail au Clayton Center commençait à cinq heures du matin et se terminait à six heures du soir, et dont les soirées se passaient généralement dans un sommeil d'épuisement total, se retrouva délicieusement détendu sous ses paroles. C'était bien, très bien, de se reposer et de savoir qu'ils n'étaient pas obligés de faire des choses à moins qu'ils ne le souhaitent.

"Je n'irai pas non plus seul", annonça-t-il. "Je n'ai pas hâte d'y aller. Je préférerais rester ici avec toi. Nous irons une autre fois."

La servante à la casquette blanche sourit en passant devant eux ; les paumes hochèrent la tête comme pour de vieux amis. Les charmes séduisants des couloirs de Berkeley les enveloppaient à nouveau.

"Tu vas voir quelques photos aujourd'hui ?" » demanda le commis le troisième matin, faisant joyeusement son devoir envers les étrangers tel qu'il le concevait. "Mieux vaut d'abord aller à Central Park et au Metropolitan Museum, puis aux expositions privées. Voici la liste. Prendre une voiture pour traverser la ville jusqu'à la Cinquième Avenue, puis un bus jusqu'à la Quatre-vingt-unième rue, et après le parc, une Cinquième Avenue". le bus vous déposera à d'autres endroits.

L'appréhension s'installa sur Henry Smith, perturbant brutalement le sentiment d'être de son mangeur de lotos. Il se sentait presque agacé par ce jeune homme bien intentionné mais infatigable qui semblait penser que les gens devraient s'amuser tout le temps. Son attitude était insensible lorsqu'il prenait les adresses.

"Je vais voir ce que dit ma femme", remarqua-t-il avec indifférence.

Sa femme a dit ce qu'il croyait et espérait qu'elle dirait.

"Nous ne sommes pas Je rentre à la maison jusqu'à demain après-midi, observa-t-elle, et nous pourrons voir Central Park demain matin si nous le voulons. C'est une femme ici qui se coiffe pour cinquante cents, et j'ai pensé que si ça ne te dérangeait pas, Henry, je lui demanderais de faire les miens... "

Henry la pressa de réaliser cette heureuse inspiration. "Mais elle ne peut pas te rendre plus joli," ajouta-t-il galamment. Puis, tandis que Maria s'abandonnait, elle et leur chambre, aux soins du coiffeur, il visita le bar, discuta avec son ami le commis et fuma un bon cigare. Ensuite, il choisit une chaise confortable dans le couloir où il devait rencontrer Maria, étendit ses longues jambes, s'assoupit et trouva bon d'être en vie.

Une Maria frisée , dont les cheveux rares se détachaient dans les vagues surprenantes de Marcel, lui fit face à l'heure du déjeuner. Une inspiration soudaine le secoua au plus profond de lui-même.

"Tu ne veux pas aller en ville et te faire prendre en photo ?" a-t-il insisté. "Faisons le nôtre ensemble."

Maria était à l'épreuve même de cet appât. Elle avait une meilleure idée.

" C'est un photographe ici même, à l'hôtel", gazouilla-t-elle joyeusement. "Il est à côté du magasin de fleurs, et nous pouvons entrer directement par ce petit couloir étroit."

Ils y sont allés, emportant ensuite chez eux comme trésor le plus précieux la photographie de cabinet pour laquelle ils avaient posé côte à côte, l'excitation de la vie new-yorkaise brillant dans leurs yeux honnêtes. Le soir, l'employé a proposé un concert.

"Il y en a un beau au Carnegie Hall, juste à côté d'ici", insista-t-il gaiement, "et Sembrich doit chanter avec l'Orchestre Symphonique. Vous pouvez entrer pour cinquante cents si cela ne vous dérange pas de vous asseoir à la galerie. Vous devriez vraiment y aller, Mme Smith ; cela vous plairait. »

Mme Smith tourna vers lui un œil inquiet.

"Jusqu'où as-tu dit que c'était ?" » demanda-t-elle avec méfiance.

"Oh, pas dix minutes de trajet. Tu prends la voiture ici, au coin—"

Mais la mention de la voiture a gâché le but naissant dans l'âme de Maria.

"Je me sens vraiment fatiguée", dit-elle rapidement, "mais si mon mari veut y aller..."

Son mari a catégoriquement désavoué une telle aspiration.

« Nous avons un long voyage devant nous demain, » dit-il, « et je suppose que nous ferions mieux de nous reposer.

Ils se reposèrent dans le couloir de Berkeley, au milieu de vues et de scènes familières. Le lendemain matin, ils furent également peu enclins à faire du tourisme. Assis dans leurs fauteuils préférés, ils regardaient la foule de gens heureux qui allaient et venaient autour d'eux. Henry avait ajouté à la liste de ses connaissances deux autres voyageurs et le garçon du comptoir des journaux. Sa femme avait entendu en détail la triste histoire de la vie de sa femme de chambre, ainsi que quelques faits et suppositions sur les autres clients de l'hôtel.

Maria poussa un long soupir quand, après avoir payé leur facture du lendemain et fait leurs adieux au commis et à d'autres nouveaux amis, ils montèrent dans le fiacre qui devait les conduire à la gare.

"Mon Dieu, mais c'était intéressant !" dit-elle doucement ; ajoutant, avec une entière conviction : "Henry, je n'ai jamais passé un aussi bon moment de ma vie à coque ! Vraiment pas !"

"Moi non plus", avoua sincèrement Henry. "N'était-ce pas une plaisanterie, un tyran !"

Dans le train, une pensée soudaine vint à l'esprit de Mme Smith.

« Henry », commença-t-elle avec inquiétude, « et si quelqu'un demandait ce que nous avons VU à New York. Qu'allons-nous leur dire ? Vous savez, d'une manière ou d'une autre , nous n'avions pas le temps de voir grand-chose. ".

Henry Smith était à la hauteur de l'urgence.

"Nous dirons que nous avons vu tellement de choses que nous ne pouvons plus nous en souvenir", a-t-il déclaré sans vergogne. "Ne vous inquiétez pas du tout pour ça, Maria Smith. J'ai toujours entendu dire que les couples mariés ne voient jamais vraiment rien sur leurs tours de mariage , de toute façon - ils sont fous , et ça ne le fait pas." Cela ne sert à rien. Nous étions plus sages de ne pas essayer ! »

X

LE CAS DE KATRINA

Mon souvenir de Katrina remonte au matin où, à l'âge de dix ans, elle a été violemment précipitée dans notre classe. Le moteur, nous l'avons appris par la suite, était son frère Jacob, légèrement plus âgé que Katrina, dont le système nerveux avait brusquement refusé l'épreuve de l'accompagner en présence du professeur. Poussant la porte entrouverte jusqu'à ce que l'ouverture soit juste assez grande pour l'admettre, il la poussa à travers, suivant sa grosse silhouette pendant une seconde d'un œil anxieux et respirant audiblement son excitation. L'instant suivant, le cliquetis joyeux de ses bottes cloutées résonna dans le couloir, suivi d'un cri de soulagement alors qu'il émergeait sur la cour de récréation.

C'est l'allure de Katrina alors qu'elle se tenait debout, ainsi grossièrement projetée dans nos vies, s'efforçant de retrouver son équilibre, et avec trente paires d'yeux fixés inébranlablement sur elle, qui a conquis mon cœur et celui de Jessica. Grâce à la fervente détermination de notre professeur à nous garder bien en vue, nous nous sommes assis au premier rang, directement face à elle. Ayant, même dans notre extrême jeunesse, un dégoût constitutionnel à l'idée de rater quoi que ce soit, nous avons sans aucun doute regardé Katrina plus longtemps et plus durement que les autres. Nous avons aussi souri largement et avec l'abandon innocent de l'enfance ; et Katrina nous a souri en retour comme si elle avait aussi goûté à une saveur subtile de la blague, perdue pour les palais les plus grossiers. Puis elle passa d'une main dans l'autre son petit cartable, parcourut la pièce d'un regard pensif, et, apercevant mes gestes frénétiques, y obéit en se dirigeant nonchalamment vers un siège vide en face du mien, où elle s'assit. avec des fossettes de plus en plus profondes et un air de finalité.

Quelques instants plus tard, notre professeur, Miss Merrill, se réveilla de la transe dans laquelle elle avait apparemment été plongée par la rapidité avec laquelle cet incident s'était produit, et venant aux côtés de Katrina, ratifia l'arrangement, apprenant par hasard le nom du nouvel élève et recevant de lui remettre une carte, écrite par le directeur et l'attribuant à notre classe spéciale. Mais bien avant que ces détails insignifiants ne soient terminés, Jessica et moi avions vidé le sac de Katrina, rangé ses livres dans son bureau, lui prêté un crayon qui lui manquait, lui avait indiqué le garçon le plus à mépriser et à éviter, lui avait donné en pantomime la position exacte. de Miss Merrill dans le respect de ses élèves, et accepta à son tour le prêt temporaire de la gomme d'épicéa dont elle s'était heureusement pourvu. À la récréation, la connaissance ainsi commencée sous de bons auspices s'est transformée en une chaleureuse amitié et, ce soir-là, en rentrant de l'école, nous avons conclu une alliance de loyauté et d'amour éternels et nous nous sommes raconté les histoires de nos vies.

Celle de Jessica et la mienne étaient terriblement terre-à-terre. Nous avions tous les deux le complément habituel de parents, de frères et de sœurs et, mis à part l'état mélancolique où aucun d'entre eux, bien sûr, ne comprenait notre nature complexe, nous n'avions rien d'inhabituel à raconter. Mais le récit de Katrina était intéressant. Elle était, au départ, une orpheline, vivant avec deux frères et un vieil oncle dans une grande et sombre maison que nous avions souvent remarquée, avec son dos décoloré tourné froidement vers Evans Avenue. Apparemment, ses plaisirs et ses amis étaient rares. Une fois par mois, elle se rendait au cimetière pour déposer des fleurs sur les tombes de son père et de sa mère. Katrina elle-même ne semblait pas sûre si ce pèlerinage appartenait réellement au domaine du plaisir ou au chemin sévère du devoir ; mais Jessica et moi l'avons immédiatement classé et avons versé une larme facile. Nous espérions que son oncle était sombre et sévère et ne lui donnait pas assez à manger. Nous pensions que cela aurait rendu le tableau mélancolique de l'état de Katrina complet et satisfaisant. Mais alors que nous recherchions avidement de tels détails, Katrina, avec une indifférence éhontée à l'égard des possibilités dramatiques, a peint pour nous un vieil Allemand peu romantique et neutre, gentil avec elle lorsqu'il se souvenait de son existence, mais plongé dans sa bibliothèque et dans ses recherches scientifiques. . Nous avons en outre appris qu'ils prenaient cinq repas par jour au domicile de Katrina, avec du « café » et de nombreux accompagnements entre les deux. De plus, le cartable de Katrina était rempli sur les côtés de gâteaux allemands de formes et de compositions variées. Notre sévère désapprobation à leur égard a été tempérée avec le temps par le fait qu'elle les a librement partagés avec nous. Nous n'avons pas été surpris de découvrir également, bien que ces révélations soient venues plus tard, que la vieille gouvernante avait du mal à garder les boutons sur les robes de l'enfant, et que Katrina était accro à la consommation subreptice de gros cornichons de concombre derrière sa géographie pendant les heures d'école. C'étaient de petits défauts d'une nature par ailleurs belle et qui stimulaient notre imagination de jeunesse par les possibilités qu'ils suggéraient. Sans aucun doute, nous avons accepté Katrina comme un être qu'il fallait aimer, plaindre et épargner les chocs les plus rudes de la vie. Avec amour, nous avons taillé ses crayons, nous avons couvert joyeusement ses livres, sans enthousiasme mais patiemment nous avons écrit ses compositions ; car l'esprit de Katrina travaillait lentement, et la littérature n'était visiblement pas son point fort. En retour, Katrina s'est épanouie et a existé et a répandu sur nous l'éclat d'un sourire qui illuminait la pénombre de la salle de classe alors même que ses théories optimistes sur la vie faisaient lever notre pessimisme infantile.

Le temps nous a transportés des salles d'école de l'enfance aux nuances dignes de l'académie, et Katrina est passée d'une grosse petite fille aux tresses jaunes à une jeune personne rondelette avec un teint plutôt ordinaire, un certain goût vestimentaire et un regard vraiment angélique. sourire. Pour expliquer son manque d'intérêt pour les activités intellectuelles, elle nous a expliqué qu'elle continuait à fréquenter l'école uniquement parce que son oncle ne lui suggérait rien d'autre. Quelle que soit la raison, nous étions heureux de l'avoir là ; et même si nous faisions encore l'essentiel de son travail et qu'elle évitait soigneusement de charger son esprit de connaissances académiques, le lien entre nous était plutôt renforcé par ce fait. Jessica et moi étions déjà convaincus qu'on nous donnait plus que ce que deux petites têtes pouvaient contenir. C'était une tâche à la fois reconnaissante et amicale de transmettre le surplus à Katrina.

Quand nous avions dix-sept ans, Jessica et moi avons appris que nous allions être envoyés à l'université dans l'Est, et l'oncle de Katrina, après avoir stimulé sa pensée en repoussant ses lunettes sur son front, a décidé qu'elle était déjà suffisamment chargée par l'éducation et que l'utile les arts de la *Hausfrau* devraient immédiatement retenir son attention. Elle devrait s'occuper de lui et de ses frères, annonça-t-il, jusqu'à ce qu'elle accomplisse sa mission dans la vie en se mariant et en ayant des bébés. Avec cet oraculaire, il clôtura la discussion en s'enfouissant une fois de plus dans sa bibliothèque, tandis que Katrina venait nous faire part de sa décision.

Elle avait attendu avec impatience les aspects sociaux agréables de la vie universitaire, elle semblait donc légèrement déçue, Katrina, et le bout de son nez contenait certaines lumières. Mais en dehors de cette expression de chagrin, elle n'émettait aucune protestation contre la configuration masculine péremptoire de son avenir. Frappés au cœur, Jessica et moi avons pris d'assaut, supplié, imploré, pleuré. Katrina opposait à notre éloquence le devant impassible d'un coussin de canapé rose.

"C'est mon oncle qui le dit", soupira-t-elle et resta silencieuse.

Jessica et moi n'étions pas de nature à rester inactifs face à une telle crise. Nous avons fait appel à ses frères, qui ont immédiatement refusé d'exprimer une opinion sur la question au-delà de la conviction générale que leur oncle avait raison en toutes choses. Déconcertés, nous avons procédé à la barbe de l'oncle dans sa tanière. Nous l'avons trouvé portant des pantoufles usées, une robe de chambre délavée, une expression sereine et un air d'absorption par la science qui ne s'est pas sensiblement atténué à notre approche. Il nous écoutait cependant patiemment, saluant nos climax passionnés par de longs « ach so's », qui, me confia plus tard Jessica, avaient fait naître en elle le premier élan meurtrier d'une vie jusqu'alors irréprochable. Une fois, nous avons éprouvé de grands espoirs, lorsque Jessica, dont la conscience ne nous avait apparemment pas accompagnés à la conférence, s'est attardée avec émotion sur les réalisations intellectuelles inhabituelles de Katrina à l'académie. Son oncle devint très grave à cela, et ses « ach so's » roulaient dans la vieille bibliothèque nue comme les échos d'un tonnerre lointain.

"Ach, c'est mauvais," soupira-t-il ; "Je n'y ai pas pensé, j'ai été négligent. J'aurais dû l'emmener plus tôt, n'est-ce pas ? Mais elle oubliera vite... oui, oui." Son visage s'éclaira. "Cela ne lui fera aucun mal", poursuivit-il. "Il n'est pas bon que les femmes en sachent trop. *Kirche* , *Kinder et Kuchen* , c'est mieux pour elles. Ach, oui."

N'ayant évidemment pas grand-chose à gagner à prolonger cette discussion douloureuse, Jessica et moi avons supporté notre sensibilité indignée devant l'atmosphère apaisante de nos maisons. Et le moment venu, nos malles étant emballées et nos adieux dits, nous sommes partis appliquer nos lèvres assoiffées à la fontaine de connaissances qui coule à flot au Collège de l'Est, laissant Katrina se lancer dans sa carrière domestique.

Le temps et la distance, avons-nous rappelé à Katrina, pouvaient être comblés par des lettres, et Katrina a noblement répondu à cette allusion. Au début, elle écrivait tous les jours et nous consacrions la plupart de nos heures d'éveil à rédiger nos réponses. En effet, il ne semblait pas y avoir grand-chose d'autre susceptible d'attirer notre attention dans une communauté qui éprouvait de grandes difficultés à se souvenir de nos noms et se trouvait dans une obscurité païenne quant à nos brillantes réalisations à l'académie. Cependant, au fil du temps, nous sommes devenus de plus en plus occupés . Pendant quelques mois, la nécessité d'affirmer notre individualité dans une mesure qui nous empêcherait au moins d'être foulés aux pieds dans les couloirs a retenu notre attention, et ensuite une imitation consciencieuse de nos proches dans la classe Junior a occupé beaucoup de temps.

La bonne nouvelle des fiançailles de Katrina a attisé les braises chaudes de notre amitié. Oh, joie, oh romance, oh, jeune, jeune amour ! Nous avons écrit à Katrina quarante pages de félicitations, et Katrina a répondu timidement mais pleinement. On pouvait presque voir ses rougeurs roses alors qu'elle se penchait sur les pages de ses longues lettres pour nous. Son futur seigneur était un Allemand, professeur au collège luthérien de notre ville natale et, semble-t-il, même si Katrina n'insistait que légèrement sur ce fait, un peu au-delà de la première belle poussée de jeunesse. Katrina nous a fait part naïvement de tant de choses, en nous informant en outre que le mariage aurait lieu au début du mois de février, parce que le professeur von Heller, l'heureux marié, semblait inexplicablement pressé et avait acheté une maison qu'il avait hâte d'acquérir. prends-la.

Il y avait dans tout cela de quoi exciter notre enthousiasme de jeune fille ; les charmes de nos bien-aimés Juniors sont devenus temporairement insignifiants alors que nous suivions l'histoire d'amour de Katrina. Nous ne pouvions pas rentrer chez nous pour le mariage, pour des raisons qui semblaient suffisantes à la faculté, et ce fut un coup dur. Mais nous avons dépensé plus que ce que nous pouvions nous permettre pour le cadeau de mariage que nous avons envoyé à Katrina, et nous avons encore occupé la plupart de nos heures d'éveil à lui écrire.

Le mariage, selon le récit de Katrina, avait le caractère d'une brillante fonction sociale. Elle a trouvé le temps pendant sa lune de miel de nous écrire de longs récits de ses splendeurs. Elle avait manifestement éprouvé une grande satisfaction en présence de toute la faculté du collège du professeur von Heller et de l'effet de sa robe, qui était de satin blanc à fleurs d'oranger. Elle nous a également envoyé une boîte de son gâteau de mariage, dont nous avons mangé une partie et sur le reste nous avons dormi consciencieusement, faisant d'horribles cauchemars. Puis, à mesure que les semaines passaient, ses lettres devenaient moins fréquentes, et nous, à notre tour, tournoyant dans le tourbillon des examens de printemps, rendions à son paradis l'hommage d'une pensée envieuse occasionnelle et respections son silence heureux.

Quand nous sommes rentrés chez nous pour nos vacances d'été, notre premier appelant, à juste titre, était Katrina. C'était une Katrina réservée et plutôt châtiée, dont l'expression réfléchie et légèrement perplexe aurait pu suggérer à des esprits plus mûrs que certaines, au moins, des joies tant vantées de la vie domestique lui avaient jusqu'ici échappé. Elle nous a exhortés à venir la voir immédiatement, le lendemain en fait, et nous avons accepté son invitation avec l'empressement qu'elle méritait. Nous ne pouvions pas dîner avec elle, expliquâmes-nous, car la sœur de Jessica avait inconsidérément pris un autre engagement pour nous ; mais nous arrivions à deux heures et restions jusqu'à cinq heures plus tard, nous libérant des expériences de l'année dans une longue conversation et écoutant la sagesse qui coulait des lèvres de Katrina.

Le lendemain fut très beau, et Jessica et moi, nous débarrassant d'un soupçon obsédant de notre insignifiance individuelle que nous n'avions pas tout à fait réussi à laisser derrière nous à l'université, nous développâmes avec joie et nous prêtâmes aux charmes d'un monde ensoleillé. La source du savoir luthérien se trouvait à la périphérie de la ville et la maison de Katrina se trouvait à une courte distance au-delà. C'était tout un lieu de campagne, cette maison, au-dessus de la grande pelouse nue, qu'un chien de fer montait farouchement la garde. Une maison battue par les intempéries nous faisait face, avec une expression froide et inquiétante. Nous avons eu froid lorsque nous avons ouvert le portail, mais Katrina s'est présentée au premier clic de son loquet, et son accueil a été si hospitalier et empressé que notre contrainte temporaire a disparu. En même temps, nous lui tombâmes au cou ; nous l'assurâmes à haute voix de notre joie envieuse ; bruyamment, nous sommes entrés en foule dans son hall. Lorsque nous y entrâmes, une grande et joyeuse pièce nous fit face. Par sa porte ouverte, nous pouvions voir des fauteuils moelleux recouverts de cuir et de grandes fenêtres donnant sur des collines lointaines. Jessica commença dans cette direction, mais Katrina la retint avec douceur.

« Pas là, » dit-elle gravement ; "C'est le bureau de mon mari, et il peut venir à tout moment. *C'est* notre salon."

Elle ouvrit une autre porte tout en parlant, et nous la suivions, hébétés, à travers le seuil, dans un espace qui, correctement utilisé, aurait pu constituer une confortable chambre à coucher. Elle mesurait sept pieds sur neuf et possédait une seule fenêtre donnant sur une grange miteuse. Le sol peint était en partie recouvert d'un tapis. La cithare de Katrina se tenait raide dans un coin, trois chaises s'appuyaient sévèrement contre le mur. Katrina en indiqua deux et tomba sur le troisième avec son sourire radieux.

"Nous utilisons ceci comme salon", remarqua-t-elle avec désinvolture, "parce que mon mari a besoin de beaucoup de lumière et d'espace lorsqu'il travaille. Oh, mes chères filles !" elle a éclaté; "Tu ne sais pas à quel point je suis heureux de te voir ! Raconte-moi tout ce qui s'est passé depuis notre rencontre, tout sur l'université et tes amis là-bas."

Pendant qu'elle parlait, il y eut un bruit de pas lourds dans le couloir, suivi par l'ouverture et la fermeture bruyantes d'une porte. Le bousculade des chaises dans la pièce voisine et la chute d'un corps lourd dans l'une d'elles suggéraient que le professeur était chez lui et dans son bureau. Katrina a corroboré cette hypothèse.

"Mon mari", murmura-t-elle en rougissant un peu. "Il est tôt aujourd'hui."

Les mots furent noyés dans un rugissement.

"Katrina," beugla une voix de basse d'une profondeur surprenante, "apporte mes pantoufles !"

Katrina se leva aussitôt.

"Tu vas m'excuser ?" » dit-elle précipitamment. "Parle jusqu'à ce que je revienne."

Nous n'avons pas parlé, soupçonnant profondément que si nous parlions, nous pourrions dire quelque chose. Je regardais fixement une petite photo allemande accrochée au mur – une que j'avais offerte à notre hôtesse des années auparavant – et Jessica fredonnait une chanson universitaire dans sa barbe. Nous avons entendu les pieds de Katrina monter les escaliers, redescendre et entrer dans le bureau. Presque aussitôt, elle revint vers nous, les joues roses à cause de ses efforts.

"Maintenant", commença-t-elle, "je veux tout savoir, les professeurs les plus gentils, les copains qui ont pris ma place."

La voix dans la pièce voisine résonna à nouveau.

"Ka-tri- na !" il a beuglé. "Ma pipe ! Elle est en haut."

Katrina partit vers la pipe. Jessica et moi nous sommes livrés au luxe d'un long regard compréhensif dans la profondeur des yeux de l'autre. Katrina est revenue et nous avons tous parlé en même temps ; pendant cinq minutes, les souvenirs et les confidences coulèrent avec la liberté d'un ruisseau de montagne après le dégel.

"Ka-tri- na !"

Katrina restait assise. Elle écoutait la fin de la meilleure histoire de Jessica, mais un pied volontaire avança timidement.

"Ka-tri- na !" Katrina aurait dû entendre cet appel même si elle était allongée, les mains jointes, à côté de sa mère, « sous le moule du cimetière » .

« Katrina, donne-moi les Merveilles de la vie de Haeckel ! »

Katrina l'a obtenu, par le processus simple et efficace consistant à entrer dans la pièce où était assis le professeur et à le prendre sur son étagère. Nous avons entendu le doux murmure de sa voix, suivi du grondement de la sienne. À son retour, Jessica termina son récit dans l'esprit apaisé qui suit une telle interruption, et il y eut dix minutes de conversation. Nous avons oublié la petite pièce nue ; de vieux souvenirs nous enveloppaient doucement ; la Katrina que nous connaissions et aimions dominait la situation.

"Ka-tri- na !"

Les lèvres douces de Katrina ne souriaient plus maintenant, mais elle se leva aussitôt et, avec des excuses murmurées, quitta la pièce. Nous avons entendu la suggestion du reste de sa tâche alors qu'elle fermait la porte.

"Où est cette boîte de stylos que j'ai reçue la semaine dernière ?"

Apparemment, leur cachette était lointaine ; L'absence de Katrina fut longue. À son retour, elle s'est portée volontaire pour nous montrer la maison. Nous avons supposé que son désir était de s'éloigner du son de cette voix invocatrice, et même en nous levant, nous avons réalisé la futilité d'un tel effort.

La salle à manger, dans laquelle elle nous conduisit pour prendre du gâteau et du thé, était presque confortable. Ses meubles, en chêne sombre et fonctionnel, étaient un cadeau, nous a dit Katrina, de son oncle. À deux reprises, alors qu'elle servait le thé, elle répondit à une convocation du bureau du professeur. Une fois, il désira un mouchoir, et la seconde fois, il souhaita qu'une lettre importante soit postée immédiatement. Sa femme se rendit à la case rurale qui ornait la clôture devant la maison et jeta l'enveloppe dans sa bouche béante. En revenant, elle nous montra sa cuisine, un endroit immaculé, dont le sol avait visiblement été nettoyé de ses propres mains, car elle mentionna qu'elle n'employait aucun domestique.

"Hans pense que nous n'en avons pas besoin", ajouta-t-elle simplement.

À droite de la salle à manger se trouvait une belle pièce claire et gaie, pleine d'étagères sur lesquelles se trouvaient d'innombrables pots et bouteilles de mauvaise odeur.

"Le laboratoire de mon mari", annonça fièrement Katrina. "Il lui faut de la lumière et de l'air."

A l'étage, il y avait une chambre contenant un immense lit double ; une pièce annexe à côté de celle-ci était évidemment utilisée par le professeur comme dressing et débarras. Ses vêtements et plusieurs malles allemandes surprenantes le remplissaient. Il y avait d'autres pièces, mais aucune ne contenait de tapis ou de meuble. Lentement, de manière convaincante, la connaissance est entrée dans nos petits cœurs sentimentaux que le seul refuge de Katrina pour elle-même et ses amis était le minuscule « salon » en bas. Elle a continué à nous faire visiter avec une fierté de femme au foyer. D'après ce que nous avons pu constater, son inconscience de ses torts était totale. Elle était totalement insensible à l'apitoiement sur elle-même.

"Voulez-vous dire…" commença Jessica chaleureusement, puis elle réalisa soudain qu'elle-même ne pouvait pas le dire. C'était aussi bien, car il n'y avait aucune opportunité. Alors même que Katrina commençait à expliquer que son mari ne jugeait pas nécessaire d'achever l'ameublement de la maison avant un an ou deux, il l'appela à ses côtés par une demande mégaphonique d'eau pour diluer son encre. Son impatience l'emporta sur son aversion évidente pour l'effort, et il entra dans le couloir pour le prendre des mains alors que nous descendions les escaliers. Elle nous le présenta, et il s'inclina gravement et avec beaucoup de dignité. Il avait une tête massive, des cheveux gris fer bouclés et des yeux myopes qui nous regardaient vaguement à travers de grandes lunettes à monture d'acier. Il nous observa, pas désagréablement, mais totalement sans intérêt, hocha de nouveau la tête, en partie pour lui-même et en partie pour nous, comme si notre apparition avait confirmé une sombre hypothèse de sa part, prit l'eau des mains de Katrina, grogna en signe de reconnaissance et se retira vers sa solidité dans le bureau. Il n'avait pas prononcé un seul mot articulé. Même Katrina, souriant de son sourire serein, semblait sentir que quelque chose dans la situation exigeait un mot de commentaire.

« Il n'est pas à l'aise avec les filles », murmura-t-elle doucement. "Il n'a enseigné qu'aux garçons et il ne comprend pas les femmes ; mais il a un bon cœur."

Jessica et moi avons réfléchi pensivement à cet hommage alors que nous partions. Nous avions appris par le bavardage innocent de la langue occupée de notre hôtesse qu'elle désirait un jardin, mais que Hans pensait que c'était une perte de temps ; qu'elle avait suggéré une plomberie ouverte et que Hans avait refusé de faire cette dépense ; qu'elle voyait peu ses frères aujourd'hui, car Hans ne les approuvait pas ; que ses vieux amis venaient rarement la voir depuis son mariage, car, pour une raison inexplicable à Katrina, ils ne semblaient pas aimer son mari. Nous attendîmes d'être hors de vue de la maison, puis nous nous asseyâmes sombrement sur un rocher au bord du chemin, sous un arbre qui nous abritait. Un rouge-gorge, perché sur une branche au-dessus de nos têtes, éclatait en chant moqueur. Le soleil brillait toujours ; Je me demandais comment cela pouvait se produire.

"Eh bien, de toutes les bêtes égoïstes et brutes ingérables !" » commença Jessica avec chaleur. Le langage de Jessica était souvent trop fort pour être élégant, et même à ce moment passionnant, mon sens du devoir m'obligeait à attirer son attention sur ce fait. J'ai en outre essayé de peser judicieusement la situation comme moyen le plus efficace de la calmer.

"Si le secret du bonheur réside dans le travail, comme la plupart des autorités en conviennent", ai-je rappelé à Jessica, "la femme du professeur von Heller devrait être la mariée la plus heureuse de ce pays".

Jessica me jeta un regard dégoûté, se leva avec dignité et s'avança hautement vers un tramway qui se dirigeait vers nous en cahotant sur sa voie quelque peu inégale.

"Oh, eh bien, si vous voulez être drôle sur une tragédie dont l'un de vos amis les plus chers est victime", observa-t-elle glacialement, "nous n'en discuterons pas. Mais pour ma part, j'ai appris une leçon : Je sais *maintenant* ce qu'est le mariage."

J'avais le vague sentiment que même cette expérience, aussi intéressante et éducative soit-elle, ne pouvait pas être considérée à juste titre comme un cours postuniversitaire de connaissances matrimoniales, et j'ai osé le dire.

Jessica serra les dents et refusa d'en discuter davantage, orientant résolument la conversation vers le sujet neutre d'un oiseau-chat qui miaulait plaintivement dans une haie derrière nous. Tard dans la nuit, cependant, elle m'a réveillé de mon sommeil innocent en me demandant de connaître l'orthographe correcte de *irrévocable* et de *désillusion* . Elle était à son bureau, écrivant dur, les sourcils froncés en un motif élaboré de point de croix. J'ai su dès l'instant où j'ai regardé son jeune visage que la missive était adressée à

Arthur Townsend Jennings, le frère d'un camarade de classe, dont la lettre l'exhortant à "l'attendre cinq ans" Jessica n'avait reçu que ce matin-là. Il était évident, même à l'observation la plus somnolente, que Jessica ne promettait pas d'attendre.

Le pessimisme de Jessica au sujet du mariage datait de cette heure et grandissait chaque jour qui suivait. Froidement, même si elle s'était détournée de l'appel d'Arthur Townsend Jennings, elle s'est détournée de tous les autres prétendants. Elle grandissait régulièrement en charme et en beauté, et ses occasions de briser les cœurs étaient, à cause de la nature sensible de l'homme, d'une fréquence presque surprenante. Jessica les saisit avec ce qui semblait, même à mes yeux fidèles , une joie diabolique. Elle était une Némésis vengeresse, à la recherche de l'homme. De graves professeurs, Harvard, Yale et Princeton Juniors et Seniors, des amis fidèles de sa jeunesse qui sont venus à l'âge adulte déposer leur cœur à ses pieds - tout cela et bien d'autres Jessica a envoyé de sa présence, une longue procession frappée. "Je sais *maintenant* ce qu'est le mariage", fut le cri de guerre de Jessica. Si, dans un esprit partisan irréfléchi, je cherchais à dire un bon mot pour une de ses victimes, en soulignant ses avantages matériels ou ses grâces spirituelles, ou les deux, Jessica se tournait vers moi avec un rappel sévère. "As-tu oublié Katrina ?" elle demanderait. Comme je n'avais pas oublié Katrina, cette question me faisait généralement taire.

Pour ma part, je dois l'admettre, l'esprit spartiate de Jessica a fait son effet d'exemple. Laissé seul pour résoudre le problème selon mes processus élémentaires, j'aurais peut-être pu arriver à la conclusion que l'infélicité domestique de Katrina, à supposer qu'elle existe, ne devait pas nécessairement jeter un sombre voile sur l'institution entière du mariage. Mais Jessica avait une personnalité dominante et j'étais facilement influençable. À ma manière humble, j'ai suivi son exemple ; et même si, faute de sa beauté et de son magnétisme, les ravages que j'ai causés étaient bien moindres que les siens, j'ai néanmoins réussi à gâcher temporairement la vie de deux professeurs d'âge moyen, d'un veuf dans la chaîne de marchandises sèches et du rédacteur en chef d'un journal jaune. . Ce dernier, je dois l'avouer, mon cœur se languit. Je désirais ardemment le tirer de l'incendie, pour ainsi dire, et l'aider à retrouver la nature supérieure dont il avait apparemment entièrement perdu de vue. Il y avait quelque chose de singulièrement agréable dans la personnalité de ce gentleman, mais Jessica ne voulait rien de lui. J'acceptai finalement d'être sa jeune tante, et, cet heureux compromis effectué, j'eus le privilège de le voir fréquemment. Si à un moment donné j'hésitais, en le citant trop souvent sur les problèmes politiques de l'époque, ou en relisant inconsidérément ses lettres en présence de Jessica, elle me faisait penser à Katrina. Je soupirai et repris le manteau, pour ainsi dire, de la jeune tante. Contrairement à Katrina, je n'avais jamais été douée pour faire les courses, et maintenant, au début de la trentaine, je devenais obèse : il était clair que le risque du mariage était en effet trop grand.

Car nous avions vieilli, Jessica et moi, et bien des choses plus ou moins agréables nous étaient arrivées. Nous avions obtenu notre diplôme avec mention, nous avions passé quatre ans à l'étranger pour poursuivre des études complémentaires et nous étions ensuite retournés à la tâche agréable de moderniser l'enseignement dans notre pays natal. Nous avons enseigné, et enseigné avec succès ; et nos filles allaient se marier, ou étudiaient ou enseignaient, et revenaient nous montrer leurs bébés ou leurs thèses, selon le caractère de leur productivité. Nous sommes tombés dans la routine de la vie académique. De temps à autre, à mesure que les années passaient, un homme intrépide, ignorant les avertissements de ses amis inquiets, se présentait pour gagner les faveurs de Jessica et était sévèrement envoyé rejoindre la longue lignée de ses prédécesseurs. La vie était bien remplie, la vie à sa manière était intéressante, mais il faut admettre que la vie était parfois plutôt solitaire. Mon éditeur, âme fidèle qu'il était, écrivait régulièrement et venait me voir deux fois par an. Le professeur Herbert Adams, une victime longtemps aux pieds de Jessica, a quitté sporadiquement cette position, puis est revenu humblement. Ces deux-là seuls nous sont restés. Jessica a acquis trois cheveux gris et un pli permanent sur son front intellectuel.

Pendant toutes ces scènes changeantes, nous n'avions pas vu Katrina. En aucun cas, après cette première visite mélancolique, nous ne l'aurions volontiers revu. A de longs intervalles, nous avions de ses nouvelles. Nous savions qu'il y avait trois gros bébés, dont les charmes infantiles, jusqu'alors sans précédent, étaient caricaturés dans les clichés que nous envoyait leur fière maman. Jessica les regarda, gémit et les laissa tomber dans les coins sombres de notre bureau. Nos visites à la maison étaient rares et aucune d'entre elles n'avait eu le temps de revenir chez le professeur von Heller. Cependant, sept ans après notre retour d'Europe, Jessica a décidé qu'elle avait besoin de repos et d'un été dans son air natal. De plus, elle venait de donner son dernier *congé au professeur Adams*, et il l'avait laissée dans un état de grande ennui. J'en ai déduit sagement que Jessica avait trouvé l'expérience quelque peu pénible. Comme Jessica a agi avec autant de célérité dans d'autres domaines que dans des vies désastreuses, j'ai à peine besoin d'ajouter que nous avons été transportés dans notre ville natale avec une rapidité gratifiante . Nous étions descendus du train à la fin de notre voyage avant qu'une excuse satisfaisante pour rester en arrière ne me vienne à l'esprit, et cela ne servait évidemment à rien d'en parler alors. Vingt-quatre heures après que les journaux eurent annoncé la passionnante nouvelle de notre arrivée, Katrina nous rendit visite.

Nous avons eu le souffle coupé en la regardant. Était-ce bien Katrina, cette Allemande rose, robuste, lumineuse, rayonnante, aux yeux brillants et à la vitalité qui coulait d'elle comme le courant d'une batterie électrique ? J'ai regardé le teint décoloré de Jessica, les rides fatiguées de son visage, les fils blancs dans ses cheveux noirs, et mon cœur s'est soudainement contracté. Je savais à quoi j'avais l'air – bien plus fatigué, plus fané que Jessica, car j'étais parti d'un point plus proche de ces objectifs indésirables. Nous avions tous les trois à peu près le même âge. Il y avait six mois au maximum entre nous. Qui le croirait en nous regardant ensemble ?

Katrina nous saisit à son tour et nous embrassa sur les deux joues. Pour moi, il y avait quelque chose de vivifiant dans la poigne de ses mains fortes et fermes, dans le contact de ses lèvres fraîches et douces. Elle a insisté pour que nous venions la voir immédiatement. Quand viendrions-nous ? Nous n'avions plus aucune excuse désormais, souligna-t-elle, et si nous avions besoin de nous reposer, la ferme – sa maison – était le meilleur endroit au monde pour nous reposer. Avec un léger espoir, je l'entendis. La ferme? Avait-elle donc bougé ? Non, elle était toujours au même endroit, expliqua Katrina, mais la ville avait pris une autre direction, la laissant, ainsi que Hans et les enfants, tranquilles dans leur paisible vie pastorale.

"Ka-tri- na !"

J'ai failli sursauter, mais ce n'était qu'un souvenir, aidé par ma vive imagination. J'avais essayé de me représenter la vie pastorale paisible, mais tout ce qui répondait était l'écho de cet appel lointain. Jessica, cependant, expliquait que nous viendrions – bientôt, très bientôt – la semaine prochaine – oui, mardi, bien sûr. Jessica m'a ensuite demandé, avec le vif ressentiment de celui qui a tort, comment j'espérais qu'elle nous en tire. C'était quelque chose qui devait être fait. De toute évidence, dit-elle, c'était une de ces choses à faire et à finir.

Elle parla nonchalamment de Katrina entre la promesse et la visite.

"Eh bien ! Bien sûr qu'elle va bien", dit Jessica d'une voix traînante. "Elle est du genre à ne pas le savoir si elle n'allait pas bien. Pour le reste, elle est flegmatique, n'a aucune aspiration et visiblement aucune sensibilité. Tout ce qu'elle demande, c'est d'attendre cet homme et ses enfants, et à notre avis de Hans, nous pouvons supposer avec certitude qu'il satisfait toujours cette simple aspiration. Mon Dieu ! n'en parlons pas ! C'est trop horrible !

Mardi est arrivé et nous avons effectué notre deuxième visite chez Katrina, quatorze ans à un mois après notre première. Une fois de plus, le temps était parfait, mais les années et les soins professionnels avaient fait leur œuvre fatale, et nos esprits en retard refusaient de répondre à l'appel joyeux du jour. Nous nous approchâmes de nouveau , avec un recul absurde, de la vieille maison sombre. La vieille maison sombre n'était pas là ; non, il était là, mais transformé. Elle était peinte en rouge. Des vignes en fleurs y grimpaient ; Les portes-fenêtres descendaient jusqu'à ses larges vérandas ; des auvents rayés abritaient ses pièces du soleil de juillet. Les pelouses, descendant jusqu'à une haie bien taillée, étaient vertes et veloutées. Le chien de fer avait disparu. Un grand hamac se balançait dans le coin de la véranda, et dedans se balançaient un gros enfant rose et un chaton. Le gros enfant prouva que tout n'était pas un rêve. C'était Katrina renaissante – la Katrina de ce premier jour d'école, il y a vingt ans et plus. Plutôt instables, nous avons remonté le chemin de gravier, plutôt incertains, nous avons sonné la cloche. Une femme de chambre à casquette blanche nous a fait entrer. Oui, Frau von Heller était chez elle et attendait les dames. Les dames auraient-elles la gentillesse d'entrer ? Les dames le feraient. Les dames entrèrent.

La cloison entre deux des pièces avait été démontée et tout l'étage refait. Il y avait un grand hall, avec un grand salon à droite. Alors que nous nous en approchions, nous avons entendu le gargouillis du rire d'un bébé, la réponse de Katrina et le murmure d'une voix de basse bourdonnant comme un bourdon joyeux. Nos pas étaient amortis par l'épais tapis, et notre entrée ne troubla pas un instant l'agréable tableau familial que nous contemplions. Le professeur était debout, son bébé dans les bras, le profil tourné vers la porte, face à sa femme qui se moquait de lui. L'enfant avait saisi une poignée de cheveux gris ondulés de son père et faisait un effort sérieux et gratifiant pour les arracher par les racines. Le visage de Von Heller, certainement dix ans plus jeune que la dernière fois que nous l'avons vu, était illuminé de fierté envers cette progéniture précoce. En nous voyant, il jeta le bébé sur son épaule, le tenant là d'un bras habitué, et vint à notre rencontre, sa femme à ses côtés. Ils nous rejoignirent ensemble, mais c'est le professeur qui nous accueillit. Cette fois, il n'avait pas besoin d'être présenté.

"Les amies de ma femme, Miss Lawrence et Miss Gifford, n'est-ce pas ?" Il sourit, tendant tour à tour sa grosse main à chacun de nous et nous serrant la main dont la cordialité nous fit grimacer. "C'est un plaisir. Mais vous excuserez ce jeune homme, n'est-ce pas ?" Tout en parlant, il a mis le bébé au sein, tandis que sa femme tombait à notre cou en un salut hospitalier. "Il n'a pas de manières, ce jeune homme", ajouta tristement le père, lorsque Katrina eut ainsi manifesté son ravissement à notre arrivée. "Il crierait si je le posais, et il a des poumons, mais il a des poumons !"

Il s'occupa de nous tirer des chaises, apparemment peu gêné par son petit fardeau. Nous avons contemplé le bébé et dit des choses appropriées. Il avait des joues comme des biftecks et des yeux qui sortaient de sa tête avec ce qui semblait être un intérêt joyeux pour ce qui l'entourait. Katrina s'est exclamée suite à une découverte soudaine :

"Mais tu n'as pas enlevé ton chapeau !" elle a pleuré. "Hans, donne le bébé à Gretchen et emmène les écharpes et les chapeaux de mes amis dans la chambre d'amis. Je ne veux pas que Miss Lawrence monte les escaliers."

Le professeur appela docilement la nourrice, laissa tomber le bébé, s'encombra de nos vêtements et s'éloigna au pas d'un paisible éléphant. Lorsqu'il revint, avec le regard impatient d'un retriever attendant un autre bâton, sa femme combla aussitôt ses espoirs.

« Disposez le fauteuil pour Miss Lawrence, ma chère, » dit-elle confortablement, « et mettez un pouf sous ses pieds. Je veux qu'elle se repose pendant qu'elle est ici.

Le professeur l'a fait pendant que nous regardions. Il s'enquit également avec émotion de l'état de santé de Jessica, montra une sympathie presque humaine dans ses réponses et lui plaça un oreiller derrière le dos. Par la suite, lors de cet appel, il a fait les choses suivantes :

Il répondit au téléphone une demi-douzaine de fois, répétant fidèlement à sa femme les messages de ses différents amis, et rapportant le sien, car elle refusait de se laisser arracher assez longtemps pour leur parler elle-même.

Il rassembla les deux enfants restants et les présenta à notre inspection, redressant les épaules de son fils d'une main expérimentée et attachant avec une habileté consommée le nœud dans les cheveux de sa petite fille.

Il se rendit à l'écurie et commanda la voiture familiale, que nous pourrions conduire plus tard dans l'après-midi.

Il chercha et trouva le journal du matin, jeté inconsidérément dans la corbeille à papier par la femme de chambre, et il nous lut à haute voix un paragraphe auquel Katrina avait fait référence, relatant les réalisations d'un de nos camarades de classe. Il a apporté à Katrina, à différents moments et depuis des endroits éloignés de la maison, un châle blanc, six photographies des enfants, un essai écrit par leur fils, âgé de dix ans, deux livres, un bavoir pour répondre à un besoin soudain du bébé, et le carnet d'adresses de Katrina. Il faisait ces choses, et il les faisait avec gaieté et avec la facilité indubitable d'une répétition fréquente. J'ai jeté un coup d'œil à Jessica. Les expressions d'incrédulité et d'étonnement auxquelles elle avait librement cédé pendant la première demi-heure de notre appel avaient fait place à un regard de profonde réflexion.

Par la suite, Katrina nous a montré sa maison. La pièce qui était le bureau du professeur faisait désormais partie du grand salon général. Le laboratoire était désormais le salon personnel de Katrina. Par ses portes-fenêtres, nous voyions le jardin de Katrina fleurir comme une rose. Jessica a demandé où se trouvent actuellement le bureau et le laboratoire du professeur. Elle m'a ensuite avoué qu'elle n'aurait pas dû le faire, mais que quitter la maison sans cette information aurait été une impossibilité physique et morale. Katrina la regarda vaguement, comme si elle cherchait à se remémorer un instant fugace d'un passé disparu depuis longtemps ; mais le professeur répondit avec un empressement satisfait.

"Mais vous les verrez !" il pleure. « Sûrement, oui ; » et, comme un écolier jovial, il nous conduisit au troisième étage. Là, en effet, se trouvait son bureau – une chambre dans un couloir, très encombrée par son bureau et son fauteuil ; et à l'extérieur, dans un placard, se trouvaient ses bouteilles et produits chimiques bien-aimés. J'ai ressenti un élan de sympathie pour le professeur, mais il ignorait manifestement la raison d'un tel sentiment.

"Les *Mutterchen* et les bébés ont besoin de repos", sourit-il avec complaisance. "Il ne faut pas qu'ils montent trop d'escaliers, non ;" et il a ouvert la voie au réconfort, sans se rendre compte du contraste douloureux entre les conditions passées et présentes qui nous a empêchés, Jessica et moi, de nous regarder dans les yeux. Les enfants, en l'apercevant à notre retour, poussèrent des cris de joie. Le bébé sauta dans ses bras, le petit garçon grimpa sur sa jambe. Le tableau du professeur von Heller en tant que mari et père parfaitement formé était complet.

En silence, après nos adieux prolongés, Jessica et moi avons quitté la maison. En silence, nous entrâmes dans le tramway ; en silence, nous sommes rentrés chez nous. Finalement, j'exprimai un soudain soupçon.

"Pensez-vous", ai-je demandé avec espoir, "que c'était tout à fait... un... eh bien, qu'elle l'ait persuadé de le faire juste cette fois, pour notre édification ?"

Jessica secoua la tête.

"Je le pensais, au début," concéda-t-elle lentement. " Cela en soi aurait été un miracle – un miracle auquel je n'aurais jamais cru si je ne l'avais pas vu avec ces yeux. Mais tout réfute la théorie. Pensez-vous qu'elle aurait pu entraîner ces enfants à avancer et à reculer comme un ballet de casino ? " " Au contraire, il est évident qu'ils vivent littéralement de lui. Ils ont usé les plis de son pantalon ! N'avez-vous pas remarqué où les plis s'arrêtaient et où commençait le glissement des bébés ? "

J'admis à contrecœur que ce détail avait échappé à mon observation. Jessica soupira.

"Aussi incroyable que cela puisse paraître", a-t-elle résumé, "tout est vrai. C'est la réalité."

"Cela ouvre toute une vue", ai-je observé pensivement. "Si vous désirez l'adresse actuelle du professeur Adams, je peux vous la donner. Il est dans les Adirondacks avec sa sœur Mollie, et j'ai reçu une lettre d'elle ce matin."

Jessica m'a regardé et m'a exhorté à ne pas être vulgaire. Son expression pensive ne s'est pas levée.

"Si Katrina peut faire *ça* avec *cet* homme", murmurai-je pensivement alors que nous entrions dans la maison, "je crois vraiment que vous pourriez faire des merveilles avec Adams. Il ferait probablement la cuisine et le marketing…"

"Si vous êtes si impressionné", remarqua Jessica d'un ton incisif, "je m'étonne que vous ne cédiez pas aux prières et aux larmes de votre rédacteur en chef."

Ma réponse fit s'enfoncer Jessica dans une chaise d'entrée qui était heureusement à portée de main.

"Je vais le faire", dis-je placidement. Et j'ai fait.

La nature de Jessica étant moins féminine et moins cédante que la mienne, son abandon a été une question de temps plus long. Dans l'intervalle, j'oubliais complètement ses affaires sans importance, étant entièrement absorbé par mes propres valeurs vraiment extraordinaires. Deux semaines avant la réouverture du collège, mon journaliste jaune réformé, venu dans l'Ouest passer ses brèves vacances avec moi, était un soir assis à mes côtés étudiant l'admirable effet d'une bague qu'il venait de me passer au doigt. Il est singulier à quel point de tels moments peuvent être chargés d'intérêt humain, et Edward et moi n'avons pas entendu Jessica alors qu'elle ouvrait la porte. Elle a regardé par-dessus nos têtes pendant qu'elle me parlait. Son visage était plutôt rouge, mais sa voix et ses manières exprimaient un degré d'indifférence que, je suis convaincu, aucun être humain n'a jamais vraiment ressenti sur aucun sujet.

"Avez-vous dit que vous pouviez me donner l'adresse de Mollie Adams ?" demanda
Jessica.

XI

BART HARRINGTON, GÉNIE

Le rédacteur adjoint du dimanche du "Searchlight" de New York était occupé. Ce n'était pas une condition inhabituelle, mais elle comportait fréquemment des caractéristiques inhabituellement irritantes. Son supérieur, Wilson, le rédacteur du dimanche, était un gentleman au front haut et au salaire élevé, qui, s'étant acquis une réputation de « Napoléon du journalisme », avait réussi à cultiver un dégoût pour ce qu'il appelait « les détails ». Sa spécialité était de formuler des suggestions au sein du conseil de rédaction, dans l'espoir joyeux qu'elles seraient mises en œuvre par ses associés - une attente si rarement réalisée que le visage de M. Wilson avait presque l'habitude de s'émerveiller. Les « détails » continuaient d'absorber l'activité du bureau « Searchlight » du dimanche, et Maxwell, le rédacteur adjoint, s'occupait de tout, murmurant amèrement contre son chef pendant qu'il travaillait.

En outre, en cette matinée spéciale, il recevait des bulletins téléphoniques sur la désintégration progressive de son plus grand « spécial », prévu pour l'édition du dimanche prochain, qui devait raconter avec une amplitude sympathique une belle jeune fille française qui s'était noyée parce qu'un jeune homme ne l'aimait plus. Le journaliste actif affecté à l'affaire avait d'abord téléphoné pour lui dire qu'elle avait découvert que la jeune fille n'avait jamais eu d'amant, mais il avait suggéré gaiement que cela expliquait son suicide ainsi que la théorie antérieure, et n'était pas si galvaudé, ajoutant sagement qu'il obtiendrait l'histoire. de toute façon. Par la suite, il avait appelé le bureau pour signaler, sans un léger dégoût, qu'il n'y avait pas de suicide à expliquer, puisque la jeune fille n'était pas morte. Elle était simplement allée rendre visite à des amis à la campagne, et les gens de la maison, manquant d'elle, avaient décidé que les eaux paisibles de l'Hudson...

Maxwell a raccroché le combiné avec quelques remarques croustillantes adressées à l'espace, et absorbé dans un silence émerveillé par une jeune femme à l'autre bout de la pièce qui a facilité son travail de dactylographie en s'arrêtant pour les entendre pleinement. C'est à ce moment peu propice qu'un garçon de bureau apporta la carte de M. Bart Harrington. Maxwell l'examina avec une forte défaveur.

"Qui est-il?" » demanda-t-il en regardant sévèrement le garçon de bureau.

Le garçon de bureau avoua avec désapprobation qu'il ne savait pas.

"Il n'est jamais venu ici auparavant", a-t-il soumis, en guise d'atténuation. "Il dit qu'il a une histoire pour le dimanche."

Maxwell s'est résigné à perdre cinq minutes d'un temps précieux.

"Montre, je suis partant", ordonna-t-il d'un ton irrité. Il s'assit à son bureau et se tourna vers la porte avec une expression qui rappelait aux appelants la valeur du temps et la brièveté de la vie. M. Harrington, qui avait suivi le garçon à travers la porte avec conviction de ces deux choses, se laissa tomber sur une chaise à côté du bureau du rédacteur en chef et regarda Maxwell avec un sourire si jeune, si confiant et en même temps si engageant, que, inconsciemment, les traits sévères de ce fonctionnaire se détendit. Pour autant, il n'a pas été dérangé par sa routine.

"Vous avez votre histoire avec vous, M. Harrington ?" » demanda-t-il vivement en tendant la main vers le manuscrit. « Si vous le laissez, je lirai… » Harrington l'interrompit avec un hochement de tête impressionnant. Puis il se rassit sur sa chaise, croisa confortablement une jambe sur l'autre, plongea ses mains au fond des poches de son pardessus très usé et continua de regarder le rédacteur avec son sourire singulièrement enfantin et capitonnant. D'un rapide coup d'œil, Maxwell le fit entrer, de la botte cassée au pied, il se balançait doucement d'avant en arrière jusqu'aux mèches épaisses et bouclées sur sa belle tête. Il avait un teint de fille, une fossette sur chaque joue et une mâchoire de bouledogue . Il mesurait six pieds et ses vêtements mal confectionnés ne pouvaient dissimuler entièrement les lignes parfaites de sa silhouette. Il avait environ vingt-deux ans, décida Maxwell, et, malgré ses fossettes, son teint, sa jeunesse et son sourire, il transmettait une vive impression de masculinité et de force. Il était totalement maître de lui et ses manières suggéraient que l'affaire qui l'avait amené là où il était était d'une valeur et d'une importance si urgentes que le monde occupé lui-même pourrait bien faire taire ses activités bruyantes assez longtemps pour en entendre parler. À sa grande surprise, Maxwell attendit que son interlocuteur soit prêt à parler.

Harrington secoua à nouveau lentement la tête. Puis il se tapota le front avec le majeur de sa main droite.

"Je l'ai , hein ", dit-il lentement, se référant évidemment au front qu'il avait indiqué, et parlant avec une légère voix traînante et l'accent fortement marqué du montagnard du Sud. "Je pensais que je ne l'écrirais pas avant de savoir que vous le vouliez tous. J'aimerais le dire. Alors si—"

Maxwell hocha la tête et jeta un coup d'œil à sa montre.

« Tirez », dit-il avec élégance. "Mais soyez aussi rapide que possible, s'il vous plaît.
C'est le jour de fermeture et chaque minute compte."

Harrington sourit de son sourire ingénu. C'était un sourire mélancolique – pas joyeux – mais qui semblait, d'une manière ou d'une autre, illuminer le bureau. Maxwell réfléchit avec irritation qu'il y avait quelque chose d'inhabituellement sympathique chez ce type, mais il aurait aimé se dépêcher et sortir. Par habitude, ses doigts attrapèrent un crayon bleu sur son bureau et il commença à fouiller nerveusement parmi les manuscrits qui se trouvaient devant lui. Harrington s'installa plus fermement sur sa chaise et le balancement de sa botte déchirée fut un peu accéléré, mais sa voix lorsqu'il parlait était pleine de confiance tranquille.

"C'est une bonne chose, hein ," dit-il, "et je peux tout vous raconter en une phrase. Je vais me suicider aujourd'hui, et j'accepte d'écrire cette expérience pour vous, jusqu'à la dernière minute, si vous voulez tous me faire enterrer décemment. Je ne crains pas d'être pelleté dans le champ de Pottah .

Maxwell laissa tomber le crayon bleu et se tourna vers lui. Puis son visage se durcit.

"C'est une assez mauvaise blague", dit-il, "ou une sorte d'enchère de charité. Dans les deux cas, vous ne pouvez pas gaspiller davantage de mon…"

Mais Harrington s'était levé d'un bond, son jeune visage blond noirci par la passion.

"Allez au diable!" » siffla-t-il en approchant sa tête de celle de l'autre et en serrant les poings. " Comment avez -vous pu dire que je mens pour demander la charité ? Je vous verrais tous en enfer avant de prendre un centime de votre foutu argent. " Vous n'avez pas assez de cervelle en vous Ai-je vu que j'étais au bout du rouleau ? »

Maxwell était un homme intelligent, formé dans l'université du monde. Il connaissait la vérité lorsqu'il la rencontrait, et il connaissait la nature humaine.

"Asseyez-vous," dit-il doucement, "et parlez-moi de cela. Je suis désolé d'avoir parlé comme je l'ai fait, mais vous devez admettre que votre proposition était plutôt surprenante."

Harrington s'assit, respirant toujours fort sous l'effet de son excitation, mais faisant visiblement un effort résolu pour se contrôler.

"C'est pour ça que je l'ai apporté, hein ," dit-il, répondant aux derniers mots de l'autre, "Vous aimez tous les trucs de stahtlin , n'est-ce pas ? C'est ce que vous imprimez. Je vous offre un bon prix , hein - un proposition commerciale. Si vous n'en voulez pas tous, dites-le.

Maxwell sourit à son tour, mais il n'y avait rien d'ironique dans ce sourire, ni dans le regard qu'il tournait vers son prochain.

"Ce n'est pas aussi simple que vous semblez le penser," expliqua-t-il doucement. "Mais parlez-m'en davantage. Qu'est-ce qui a conduit à cette décision ? Qu'est-ce qui vous fait penser que le suicide est la seule issue à vos problèmes ? Cela fait partie de l'histoire, vous savez. Laissez-moi d'abord vous dire cela, en quelques mots.

"On peut le raconter, hein , en trois", dit le Sudiste. Son sourire était revenu. Sa voix était la voix froide de celui qui discute de choses abstraites. "Je suis un failyuh . Ce monde ne sert à rien échecs . Je me suis donné tout le temps et les chances que je méritais , mais je ne peux pas gagner, alors je dois me *retirer* . Il n'y a personne pour ça . Je n'ai aucun parent, aucun homme ça dépend de moi d'une manière ou d'une autre. Quant à moi, je suis ti'ed ; la vie n'est pas avec l' effort ."

Maxwell le regarda.

"Vous n'avez pas l'air d'un lâcheur", dit-il pensivement.

Le visage du garçon s'enflamma à nouveau, mais il garda son sang-froid.

"Arrêter signifie abandonner quelque chose ", a-t-il déclaré avec obstination. "Je ne suis pas abandonner n'importe quoi . Je n'ai rien à abandonner. La vie sans travail , sans intérêt, sans fren , sans ambition, sans amour, ce n'est pas ça vivre '! Si vous aviez tous essayé , vous le sauriez. Je n'ai pas été aussi joyeux depuis que je l'ai été, car j'ai décidé d'arrêter, comme vous l'appelez tous.

"Tu es en bonne santé, n'est-ce pas ?" » demanda Maxwell. "Oui."

Maxwell posa sa main sur le bureau d'un air déterminé.

"Alors tu as tout. Veux-tu me dire qu'un type comme toi ne peut pas gagner assez pour subvenir à ses besoins ? Si tu le fais, tu parles de pourriture."

Harrington prit cela avec son large sourire naïf. Il n'était pas offensé maintenant, car il ressentait l'intérêt amical et la sympathie sous les paroles de l'autre. Sa voix lorsqu'il répondit était plus douce.

"Je ne suis pas Je dis "Je ne peux pas garder mon corps et mon âme ensemble, mais peut-être que je peux", a-t-il concédé. "Mais *je* dis que n'est-ce pas *vie* . Je dis que je ne suis pas équipé pour travailler . Je n'ai pas été instruit. J'ai vécu dans une cabane en rondins dans les montagnes de Virginie toute ma vie. Je suis parti il y a six semaines, après la mort de ma mère. Elle était la dernière de la famille Ouah , à part moi. Je ne suis jamais allé à l'école. Elle m'a appris à lire la Bible et à écrire. Je ne suis pas Je n'ai jamais lu un autre livre à l'exception de la Bible et des poèmes de Mistah Shakespeah et de Mistah Pluta'ch. *Vies de grands hommes* . Je les connais par chaleur . Je ne sais pas d'où elle les a eu, ni d'où elle vient. Elle était différente des autres femmes des montagnes. Je suis au No'th depuis six semaines et j'ai essayé de trouver un endroit où je pourrais m'intégrer, mais il n'y en a pas . Les hommes doivent être entraînés je travaille ; Je ne suis pas formé. Je ne peux pas y retourner, foh il n'y a personne , et je déteste les montagnes.

La réponse de Maxwell fut brève et précise.

« Tu penses que tu pourrais apprendre à faire fonctionner notre ascenseur sans nous tuer tous ? » s'enquit-il. "Eh bien, il le faut. Vous avez dit des conneries horribles, vous savez. Maintenant vous allez travailler, ici même. Nous avons besoin d'un nouvel homme. Celui que nous avons est ivre depuis trois jours. Vous êtes Je vais gérer l'ascenseur et gagner quinze dollars par semaine pour commencer. Voici votre salaire de la première semaine d'avance. Je m'arrangerai pour le travail avec le surintendant. Je vous donnerai des livres et vous pourrez vous renseigner. Quand vous "Je suis au-dessus du travail d'ascenseur, nous vous donnerons quelque chose de mieux. Vous aurez probablement mon travail d'ici un an", a-t-il terminé avec plaisanterie.

La main de l'alpiniste tendue vers lui trembla lorsque Maxwell la saisit.

"Tu es le seul homme blanc que j'ai trouvé dans le No'th ", dit le Sudiste, à bout de souffle. "Je vais me débrouiller, comme on dit, hein . Mais je ne sais pas comment je peux te remercier."

"N'essayez pas", dit brusquement Maxwell. "Soyez ici à huit heures du matin. À neuf heures, il y aura quelques appels que je voudrais peut-être que vous jetiez dans le puits."

C'est ainsi qu'a commencé la connexion entre *Searchlight* et Bart Harrington, par la suite son employé le plus populaire . Avant la fin de la semaine, tous les journalistes et la plupart des rédacteurs avaient demandé négligemment à Maxwell quelques détails concernant son protégé, mais n'en avaient reçu que peu. Harrington était un homme nouveau, originaire des montagnes de Virginie, et il était très serviable et tout à fait engageant. C'étaient toutes les informations acquises même par l'infatigable Miss Mollie Merk, dont le succès à soutirer aux individus des informations que leur plus cher désir de cacher avait fait d'elle un membre vedette du personnel *du Searchlight* . C'est cependant à Miss Merk qu'Harrington annonça sa première découverte importante. Un soir, penché sur son bureau, après que son successeur ait pris la « voiture », le nouvel ascenseur a abordé un sujet qui lui tenait à cœur.

"Je me suis mouillé l' autre jour", commença-t-il en conversation, "et ma logeuse m'a laissé aller à la cuisine pour sécher mes vêtements. J'ai observé , alors que j'étais assis près du poêle, que le couvercle de la cuve à laver ne cessait de se soulever. Je me suis levé tout seul, puis j'ai vu qu'il était soulevé par la vapeur de l' eau chaude à l'intérieur. Je n'arrêtais pas d' y penser , et il me semble que c'est une idée , une sorte d' énergie , vous savez, cela pourrait être utilisé de manière importante. Je dois y réfléchir.

Mollie Merk le regardait, de vagues souvenirs d'un certain James Watts remuant avec inquiétude dans son cerveau.

"Il y a beaucoup d'écrits sur la vapeur", dit-elle avec sympathie. "Je t'apporterai un livre là-dessus."

Elle le fit, car Harrington jouissait déjà d'une grande estime ; et très probablement le volume a tué dans l'âme aspirante de ce jeune le germe d'un bel espoir. Mais il se fit très vite remarquer avec une découverte d'égale importance. Cette fois, son confident était Maxwell.

"Pourquoi", demandait-il un soir à ce citoyen occupé, "quand je rentre dans la baignoire, l'eau monte si haut ? N'est -ce pas un principe qui est important ? Comme je le pense, ovah ..."

Maxwell s'empressa de lui assurer qu'il y en avait, et le volume sur Steam fut suivi d'un traité sur la gravité spécifique, qui donna à M. Harrington matière à réflexion pendant plusieurs jours. Néanmoins, la découverte que d'autres l'avaient précédé ne le déprima pas du tout. Il a donné au rédacteur en chef du dimanche un aperçu de son point de vue à une occasion où ce monsieur a réussi à le convaincre qu'Isaac Newton et non Bart Harrington avait découvert la loi de la gravitation en regardant une pomme tomber d'un arbre.

"Je l' ai observé aussi, hein ", argumenta Harrington avec fermeté, défendant sa position de découvreur scientifique. "Bien sûr, je vois ta force je me souviens que l' homme d'Othah était *le premier*. C'est malheureux pour moi. Mais est-ce que cela affecte la valeur de *ma* découverte ? Ce n'est pas le cas, hein ."

"Il y a beaucoup de choses là-dedans", concéda Wilson à Maxwell, après avoir répété avec ravissement cette conversation. "Bien sûr, cet homme a un esprit inhabituel. C'est dommage qu'il soit toujours en retard de quelques centaines d'années, mais, comme il le laisse entendre, cela ne doit pas ternir notre admiration pour la qualité de sa fibre cérébrale ."

Maxwell rit avec inquiétude.

"Je n'arrive pas à décider," avoua-t-il à son tour, "s'il est un génie ou un simple imbécile. Il a perdu son dîner hier soir en m'expliquant comment le pouvoir du Niagara pourrait être appliqué à des usages pratiques. Il " J'étais horriblement déprimé quand je lui ai dit que non seulement cela pouvait être possible, mais que c'était le cas. Je l'ai laissé parler, cependant, pour voir quelles étaient ses idées, et elles étaient très pratiques. "

"Je trouve que c'est très encourageant", a déclaré le chef avec optimisme. "Il entre dans les temps modernes. Après avoir découvert le téléphone, le télégraphe, la télégraphie par câble et sans fil , il pourrait s'attaquer à la télépathie et nous apporter quelque chose de nouveau."

Mais Harrington s'est laissé aller à une digression inexpliquée à ce stade. Il découvre la littérature et fait la connaissance des œuvres d'un certain Charles

Dickens, dont il se fait le porte-parole du génie pour les oreilles d'un monde indifférent.

" C'est un livre intitulé *David Coppe'field* ", confia-t-il à Maxwell un soir alors qu'il s'était attardé pour discuter avec son bienfaiteur. "C'est génial, suh . Tu devrais le lire un jour, Mistah Maxwell ; tu apprécierais sa valeur ." Il a décrit l'intrigue sur-le-champ, et Maxwell a écouté avec bonhomie, trouvant sa compensation dans les commentaires originaux de l'enthousiaste sur le personnage et la situation. Ceci, cependant, a créé un mauvais précédent, et Maxwell a ensuite été obligé d'entendre un résumé minutieux de *Little Dorrit* , *Old Curiosity Shop* et *Oliver Twist* , en succession rapide, suivi de la récitation quelque peu douloureuse de la majeure partie de l'Élégie de Gray *dans un cimetière de campagne.* – car Harrington entrait désormais dans le domaine de la poésie en pâquerette.

C'est à ce moment-là que Maxwell se sentit contraint de donner quelques conseils à son protégé, le rédacteur en chef de la ville s'étant opposé à une audition forcée du complot d' *Ivanhoe* , et Mollie Merk ayant admis qu'elle avait monté six étages deux fois par jour. jour pendant une semaine plutôt que d'entendre les dix-huit dernières strophes de *Paradise Lost* .

Maxwell expliqua la situation à son ami aussi gentiment qu'il le pouvait un matin où Harrington avait interrompu une conversation entre lui et un éminent rédacteur occidental qui passait quelques jours à New York.

" Vous voyez, vieil homme, " termina-t-il gentiment, " c'est un grand et nouveau monde pour vous, mais nous autres y avons vécu toute notre vie. Nous avons absorbé ces choses que vous découvrez... ou on nous les a fait inculquer à l'école. Donc... euh... ils ne sont pas nouveaux, et même si nous les apprécions, nous n'avons pas le temps de les revoir tous. Quand on arrive à la fiction moderne, les choses les gens lisent aujourd'hui... »

D'un simple geste expressif de la main, M. Harrington a démoli la fiction moderne.

" *Je* n'ai pas le temps pour ça, Mistah Maxwell, " dit-il respectueusement. "J'en ai lu un, et je regrette de dire, hein , que c'était trop. J'ai regardé dans les autres , mais je ne vais pas au fu'thah . J'ai essayé de vous ouvrir, messieurs, les grands travaux que j'ai découverts. " ed , et vous répondez que vous les avez tous lus, suh . Je suis surpris. Jetez-vous un coup d'œil à une image et ne la regardez plus jamais ? Écoutez-vous une fois de la musique, o' ça doit être quelque chose de nouveau et mode'n à chaque fois ? Hier soir, j'ai entendu la composition d'un musicien nommé Beethoven, qui, j'ai appris, est mort depuis ouais . Pourtant, les gens écoutent toujours ses notes. Pourquoi ne lisent-ils pas ces livres de Mistah Dickens, Mistah Scott et Mistah Shakespeah ?"

Maxwell murmura faiblement que quelques-uns le faisaient. Une réponse appropriée à la mise en accusation de Harrington lui échappa d'une manière ou d'une autre, et avant qu'il ait trouvé les mots qu'il souhaitait, une interruption inattendue vint du rédacteur en chef de Western, qui avait écouté la conversation avec un intérêt presque douloureux.

"M. Harrington," demanda-t-il brusquement, "pouvez-vous écrire ?"

Harrington parut surpris et blessé d'un air enfantin.

"Oui, euh ," répondit-il avec raideur. "Je sais lire et écrire."

"Oh, bien sûr, bien sûr", expliqua précipitamment l'autre. "Je ne veux pas dire ça. Pouvez-vous écrire pour la presse ? Avez-vous essayé d'écrire quelque chose pour que d'autres personnes puissent le lire ?"

Le sourire caractéristique d'Harrington éclata.

"J'ai soumis plusieurs "Je suis un athlète de Mistah Maxwell," dit-il avec une certaine dignité, "mais jusqu'ici je n'ai pas eu assez de chance ..."

Maxwell sortit un petit paquet de manuscrits d'un casier de son bureau et les tendit au visiteur sans un mot. Ils parlaient pour eux-mêmes. Ce dernier les parcourut en fronçant les sourcils. Maxwell retourna à son travail. Harrington attendit. Finalement, l' Occidental rendit les papiers à son collègue de l'Est en secouant la tête.

"Ceux-là ne suffiront pas du tout", dit-il décidément, "mais ils confirment mon impression que cet homme peut écrire quelque chose qui en vaut la peine ." Il s'adressait maintenant à Maxwell, discutant de Harrington de manière aussi impersonnelle que s'il était absent, mais de temps en temps ses yeux perçants revenaient sur le visage du Sudiste.

"Voici un homme", commença-t-il d'un ton didactique, "qui est en retard de plusieurs centaines d'années sur son temps. Mais rappelez-vous qu'il aurait été Watts, Newton et plusieurs autres découvreurs s'il avait existé avant eux. Il est tout autant un pèlerin. sur cette terre aujourd'hui comme s'il était un visiteur venu d'une autre planète. Mais il a un type d'esprit extraordinaire et un très bon goût - un sentiment fort, ignorant et instinctif du meilleur. S'il pouvait écrire une série d'articles courts donnant son point de vue aux hommes et aux femmes occupés d'aujourd'hui, ils devraient être de « bonnes choses » — une sorte de voix artistique criant dans le désert commercial, ne voyez-vous pas. Vous ou quelqu'un d' autre devrez peut-être les mettre en avant. en forme, jusqu'à ce qu'il comprenne l'idée, mais il la comprendra très bien. Il est assez intelligent. Si vous voulez l'essayer, et que le résultat soit comme je le pense, j'achèterai le matériel pour publication simultanée à Chicago. Que dites-vous?"

"D'accord", dit brièvement Maxwell. "Je pense que vous avez raison. Nous allons essayer de toute façon. Je suppose que nous n'aurons pas beaucoup de mal à persuader Harrington de nous offrir l'opportunité d'examiner son manuscrit." Il sourit en jetant un coup d'œil à l'autre. Les yeux d'Harrington brillaient. Ses paroles, quand il parlait, venaient à bout de souffle.

"J'aurai le premier exemplaire prêt demain matin , Mistah Maxwell", a-t-il promis. "Et je pense", ajouta-t-il en redressant ses splendides épaules, "je pense que je vais abandonner l' elevatah , suh ."

Maxwell rit avec bonne humeur.

"Oh oui," acquiesça-t-il, "Je suppose que nous devrons vous donner un successeur, de toute façon. Quelle que soit l'issue de cette expérience, il est temps que vous ayez quelque chose de mieux que cela."

Le premier article de Harrington était signé « Un visiteur de Mars » et Maxwell s'émerveilla en le lisant. Ce n'était pas une grande production, et elle était pleine de petits défauts ; mais il y avait là une naïveté et un charme indescriptibles auxquels son style suranné et suran ajoutait la touche finale. Les études de Harrington sur ce qu'il appelait « les maîtres anciens » n'avaient pas été vaines. Tard le lendemain soir, dans le calme de son petit appartement de Harlem, Maxwell soumit le manuscrit à sa femme pour qu'elle la critique. Il l'a passé sans commentaire, désirant l' opinion impartiale du lecteur général intelligent, et Mme Maxwell l'a lu deux fois, très attentivement, avant de le rendre. Quand elle le fit, il y avait de la brume sur ses yeux marron brillants.

« Ce truc chéri ! elle a pleuré. "Qui l'a écrit, Bob ? C'est aussi intelligent que possible, et pourtant il y a quelque chose là-dedans qui me fait me sentir bizarre et étouffé. C'est... c'est" - son visage s'éclaira - " c'est quelque chose comme le sentiment que j'avais quand la petite Bobbie a écrit moi sa première lettre, cette fois-là, je suis rentré à la maison pour m'occuper de ma mère. On s'attendrait presque à voir les mots chancelants sur un côté de la page dans de chères petites lettres imprimées de travers. C'est le manuscrit d'un bébé adulte et sophistiqué. ".

Maxwell lui prit la copie, très content de cette confirmation conjugale de sa propre impression.

"C'est celui d'Harrington", expliqua-t-il, "et il n'est pas encore assez sophistiqué pour blesser qui que ce soit. Mais il va réussir ce travail, cela ne fait aucun doute. Je lui demanderai de venir dîner demain soir. et revoyez un peu les choses avec moi. Je ne veux pas faire ça au bureau.

Le lendemain, le rédacteur en chef occidental était tout aussi enthousiaste. Il brillait également agréablement, confirmant sa propre vivacité d'intuition.

"Vous n'auriez pas vu ce que vous aviez ici", expliqua-t-il inutilement à Maxwell. "C'est un peu comme un génie. Cet homme écrira son autobiographie un jour , et peut-être se souviendra-t-il de ses humbles découvreurs. En attendant, ne gâchez pas son travail en essayant de le modifier. Laissez-le tranquille. Tout va bien. ".

La rubrique "Le Visiteur de Mars" s'est agrandie à deux colonnes et est devenue un élément fort du Sunday *Searchlight* . Harrington, désormais en possession d'un revenu hebdomadaire équitable et de loisirs illimités, achetait de nouveaux vêtements, louait un salon, une chambre et une salle de bain dans une garçonnière confortable, et passait ses journées à parcourir les bibliothèques, où il lisait de manière omnivore. Par ailleurs, il découvrit non seulement le téléphone, le télégraphe et d'autres inventions prédites par l'éditeur du dimanche, mais aussi une boîte à feu de locomotive qui avait reçu une certaine faveur parmi les responsables des chemins de fer depuis dix ans, et une superbe arme de destruction qui avait été utilisée dans le Armée japonaise pour six.

"Il s'en sort !" s'écria Wilson avec ravissement lorsque Maxwell raconta ces petites déceptions au cours d'une carrière par ailleurs inspirante. "Il a appris à s'habiller comme un gentleman, à parler comme un gentleman et à ressembler à un gentleman, et il a également appris qu'il y avait quelques esprits actifs dans le monde avant son arrivée. Donnez-lui du temps. Il fera quelque chose de grand. encore."

Harrington a rapidement vérifié cette prédiction en tombant amoureux, ce qu'il a fait à une échelle et avec un abandon sans précédent dans l'histoire de Park Row. Ce fut un bouleversement tumultueux pour le Sudiste émotif, et tous les autres intérêts de sa vie se retirèrent au second plan et y restèrent, invisibles et insoupçonnés. Son choix s'est porté sur une journaliste du *Searchlight* , une jeune fille calme et raffinée, dont les activités journalistiques se limitaient à des reportages sur les réunions de clubs de femmes et à la description d'autres événements sociaux. Pour elle, Bart Harrington ordonna aux étoiles du matin de chanter ensemble et défia le soleil ébloui de la regarder comme elle. Pour lui, elle était Laura, Béatrice, Juliette, Francesca — l'essence de tous les amours de tous les âges sous une forme parfaite. Au cours de leurs brefs fiançailles, il l'appelait dans un taxi chaque matin et la conduisait chez elle chaque soir. Il lui aurait posé un tapis de fleurs du bureau jusqu'au trottoir si cela avait été possible. Il découvrit également Keats, Shelley, Byron et Swinburne, et les cita jusqu'à ce que les employés du bureau, seuls restés pour l'écouter, exigent que cette augmentation de salaire soit justement liée à une tension nerveuse accrue. Swinburne, décida immédiatement Harrington, ne lui plaisait pas. Il y avait un côté terreux dans ses vers, expliqua-t-il à Maxwell, un côté matériel, qui manquait totalement de l'amour de l'homme idéal pour la femme idéale — en d'autres termes, de son propre amour pour Miss Evans.

Il a écrit une chronique sur ce genre d'amour dans son département de Mars, et cent mille hommes l'ont lue avec des gargouillis de chaleureuse appréciation et l'ont citée au dîner du lendemain soir. Puis il épousa Miss Evans et s'intéressa au prix du charbon et d'autres articles ménagers. Son absorption par ces sujets était presque fébrile. Il en parlait matin, midi et soir. Son intérêt pour la littérature s'est essoufflé et s'est éteint. A Maxwell, son premier et toujours son meilleur ami, il confie enfin son dilemme.

« Tu vois, mon vieux, commença-t-il un matin, environ six mois après le mariage, nous avons découvert, Clara et moi, que le minimum pour vivre à New York est de cinquante dollars par semaine. " _ _ _ _

Maxwell l'arrêta d'un geste désespéré.

"Harrington, si tu dis encore un mot , je deviendrai fou", annonça-t-il avec le calme du désespoir. "Nous vous donnerons cinquante dollars par semaine. Maintenant, considérez que c'est réglé et, pour l'amour de Dieu, ne pensez plus à cela. Si vous n'y faites pas attention, vous écrirez sur le charbon et les conserves dans votre chronique sur Mars. Que sont-ils ? De toute façon, tu vas écrire cette semaine ? » demanda-t-il avec une soudaine suspicion.

Harrington avait l'air coupable.

"Je pensais dire quelque chose sur la façon dont les prix ont augmenté", a-t-il balbutié. "Clara a dit ça il y a deux ouais… " Mais Maxwell l'avait pris par les épaules.

"Non, tu ne le fais pas!" » cria-t-il violemment. "Vous continuerez à écrire sur la littérature, la vie, les nénuphars et l'amour. C'est ce que vous ferez. Si vous ne le faites pas, vous perdrez votre emploi. N'osez pas introduire une pancarte à un seul dollar." ou des tomates en conserve dans ces colonnes", a-t-il ajouté, en guise d'avertissement, alors qu'il retournait à son travail.

L'air de reproche d'Harrington en sortant le hanta pendant des jours — si longtemps, en fait, qu'il supporta avec une patience extraordinaire une confiance que ce gentleman lui avait accordée plusieurs mois plus tard. Il arriva un matin au bureau avec une expression étrangement mêlée de fierté et de honte, où prédominaient d'abord l'une puis l'autre. Pendant longtemps , il discuta d'appartements, de concierges et de fournitures domestiques, et Maxwell lui fit plaisir. Il a ensuite dit:

"J'ai été un horrible con, Maxwell, mais ce n'est pas une raison pour que je continue à l'être, n'est-ce pas ? Je dois te dire quelque chose d'important , et je vais le faire maintenant. Je peux. Je n'écris plus sur la littérature du passé et les feuilles de nénuphar du présent, comme vous diriez. Qui s'en soucie ? Moi *non* . Le monde d'aujourd'hui s'intéresse à la vie de tous. -jour. Les hommes pensent à theah le travail et les revenus et les maisons et les femmes et les enfants, et c'est *tout ce* à quoi ils pensent. Et les femmes pensent aux hommes, et c'est tout ce à quoi *elles* pensent. Et hé, j'écris tout le temps sur la littérature – la littérature . » Il retourna le mot dans sa bouche et l'éjecta avec un mépris suprême.

Comme autrefois, Maxwell resta silencieux devant la simple vérité. Il s'est cependant rallié et a exprimé une protestation.

"Je suppose que vous n'avez pas perdu tout intérêt à gagner votre vie", suggéra-t-il ironiquement. "Comment comptez-vous faire cela si vous abandonnez ce travail ?"

Harrington rougit un peu et s'éclaircit nerveusement la gorge avant de parler. Puis il sortit un papier de sa poche et, lorsque ses doigts le touchèrent, son visage s'éclaira et une fierté heureuse rayonna de lui.

"J'ai autre chose", dit-il simplement. " J'ai attendu de voir comment ça se passerait avant de vous le dire. C'est toute une histoire. Vous voyez, " continua-t-il expansivement, s'installant dans son fauteuil et balançant son pied avec le balancement caractéristique du garçon de deux ans. des années auparavant - "vous voyez, Clara avait besoin d'une épingle à chapeau, du genre qui resterait à l'intérieur et garderait un chapeau . Aucun d'entre eux ne le fait, a déclaré Clara. Alors j'en ai fait un foh hein, et le frère de Clara l'a vu et a pensé que c'était C'est une bonne chose. C'est un avocat, vous savez. Il l'a montré à un homme avec de l'argent, et ils l'ont repris et nous l'avons breveté, et maintenant nous avons une usine et nous la vendons. C'est—c'est gagner beaucoup d'argent. » Il tourna un regard d'excuse vers son ami et poursuivit, plus fermement : « Ils m'ont donné vingt mille dollars d' acompte et vingt pour cent du stock, ainsi qu'un bloc de stock pour vous, parce que j'ai insisté là-dessus. " J'ai de la chance. Heah , ça l'est. EW Hubbard est le chef backah , et il dit que c'est avec dix mille dollars . Il dit que chaque femme en Amérique portera une de ces épingles à chapeau ouah cette fois-ci la prochaine fois ouais. "

Il posa le certificat sur la table tout en parlant, et pendant un moment Maxwell resta assis à le regarder, sans voix. Il connaissait Hubbard – un financier riche et avisé, et non un leader aux espoirs désespérés. Si Hubbard était dans la chose, tout allait bien. Mais une *épingle à chapeau* ! Maxwell regarda le certificat et pensa à l'épingle à chapeau, passa en revue le Harrington des deux dernières années et ressentit une horrible envie de rire et de pleurer. Puis il poussa le papier vers l'inventeur.

"C'est vraiment gentil de ta part, vieil homme," dit-il d'une voix rauque. "Mais bien sûr , je ne peux pas supporter ça. Il n'y a aucune raison pour que tu me donnes dix mille dollars, tu sais."

Harrington éclata de rire – un drôle de petit rire.

" N'est-ce pas une raison ? " » demanda-t-il, tombant avec sérieux dans la grammaire négligente qu'il avait presque surmontée. "Eh bien, je suppose que je connais plus que quiconque à *ce sujet* . Tu te souviens des quinze dollars que tu m'as prêtés le jour de mon arrivée, hein ? Eh bien, euh , j'étais en train de m'arrêter . Je n'avais pas mangé depuis deux jours. , et je ne pouvais pas trouver de travail , et je ne pouvais pas mendier. C'est pourquoi je voulais me suicider. Cet argent m'a sauvé. Maintenant, c'est ce truc. Ce n'est pas de l'argent. C'est une *idée* . C'est un idée qui m'est venue à l'esprit , et cette idée ne serait pas saine du tout si ce n'était pas pour toi. Vous m'avez donné beaucoup de chance. Ce que j'ai fait n'est pas grand-chose, mais cela a donné des résultats, et Les résultats, ce sont les choses qui comptent. Alors nous appellerons cela simplement l'intérêt, si cela ne vous dérange pas. Je pense que ça va se passer pour un moment. Et vous savez, " ajouta-t-il presque timidement, " nous sommes amis... n'est-ce pas nous, toi et moi ?"

Maxwell se tordit la main. Puis il ramassa le certificat, le plia et le mit soigneusement dans sa poche.

"Merci, vieil homme," dit-il doucement. "C'est la chose la plus importante qui me soit jamais arrivée, et je la prends de la part de mon ami."

Plus tard, alors qu'Harrington partait en réjouissant, Maxwell raconta l'incident à son chef. Wilson écoutait avec une attention flatteuse. À la fin, il hocha la tête avec sympathie.

« Il va bien, » dit-il, « et vous n'avez pas à vous inquiéter pour lui. Il lui reste une qualité qui le distingue suffisamment de la populace d'aujourd'hui. Il regarda attentivement le jeune homme et ajouta soudain : « De tous les gars que vous avez jamais aidés, Maxwell – et je sais que vous avez beaucoup aidé d'une manière ou d'une autre – en a un avant aujourd'hui. vous a-t-il déjà montré de la gratitude ? »

Maxwell secoua la tête. "Je ne m'en souviens pas", a-t-il admis. "Mais je ne m'y attendais pas et je n'en veux pas."

"Et vous ne comprenez pas", termina l'homme plus âgé avec un soupir. "C'est la chose la plus rare dans la vie. Alors profite-en cette fois, mon garçon. On ne rencontre pas souvent un visiteur venu de Mars !"

LA FIN